공부하는 엄마는
아이의 자존감을 키운다

공부하는 엄마는
아이의 자존감을 키운다

초판 1쇄 발행 | 2016년 8월 25일
초판 2쇄 발행 | 2016년 8월 30일

지은이 | 이화자
펴낸이 | 박영욱
펴낸곳 | 깊은나무

편　집 | 이소담
마케팅 | 최석진 · 임동건
표지 및 본문 디자인 | 서정희 · 심재원

주　소 | 서울시 마포구 월드컵로 14길 62, 4층
이메일 | bookrose@naver.com
페이스북 | facebook.com/bookocean21
블로그 | blog.naver.com/bookocean
전　화 | 편집문의: 02-325-9172　　영업문의: 02-322-6709
팩　스 | 02-3143-3964

출판신고번호 | 제313-2007-000197호

ISBN 978-89-98822-24-8 (03370)

이 도서의 국립중앙도서관 출판예정도서목록(CIP)은 서지정보유통지원시스템 홈페이지(http://seoji.nl.go.kr)와 국가자료공동목록시스템 (http://www.nl.go.kr/kolisnet)에서 이용하실 수 있습니다.
(CIP제어번호: CIP2016018335)

공부하는 엄마는 아이의 자존감을 키운다

이화자 지음

깊은나무

프롤로그

성장하는 엄마,
인생의 키워드는 '배움'이다.

청청한 푸른 나무에 가을 서리가 내리면 단풍이 들 듯, 엄마의 인생에도 가을이 온다. 겨울이 가까워지고 있다는 증거다. 이때 된서리를 맞고 힘없이 사그라지는 이파리가 아닌 모진 폭풍과 비바람에도 끄떡없이 버티는 나무가 되려면 대비책이 필요하다. 그것은 바로 '공부'다. 공부라는 내공이 나이테에 쌓인 엄마의 겨울은 그런대로 버틸 만하다.

취미나 자격증을 위한 공부든, 혹은 인간관계나 자녀 교육에 대한 공부든 배우고자 하는 엄마의 삶은 풍요롭고 아름답다. 아이에게만 온 신경을 쓰고 아이가 웃고 우는 데 일희일비(一喜一悲)하는 엄마와는 다르다.

아이를 키워 본 엄마는 잘 안다. 아이를 키우는 것이 얼마나 힘들고 어려운지 말이다. 많은 엄마가 '내 아이를 다른 아이 못지않게 잘 키워야 한다'는 좋은 엄마 콤플렉스에 시달리고 있다. 그래서 자신의 삶을 뒤로한 채 아이에게만 온 정성을 쏟는 엄마가 많다. 이런 엄마가 아이에게 자주 하는 말이 있다.

"내가 너를 위해 얼마나 애쓰는데 너는 왜 엄마 마음을 그렇게 몰라주니?"

이는 은연중에 아이에게 희생의 대가를 요구하는 것이다.

이런 엄마의 욕구와 불만이 쌓이면 더욱 스트레스가 많아지고 아이를 닦달하게 된다. 좋은 엄마가 유일한 삶의 목표인 그들은 엄격한 잣대를 아이에게 들이대고 채워지지 않은 자신의 욕구를 아이를 통해 채우려 한다. 아이가 사랑받는 것이 곧 자신이 사랑받는 것이라고 믿기 때문이다. 그래서 본인의 의사와 상관없이 아이를 자기 방식대로 살게 하려는 강박관념에 시달리게 되는데, 이것이 바로 '좋은 엄마 콤플렉스'가 위험한 이유다.

하지만, 여성학자 박혜란이 말한 것처럼 "아이를 키우려 하지 말고 엄마 자신을 키워라"라는 말을 먼저 마음에 새긴다면 조금 이야기가 달라진다.

도로시 캔필드 피셔(Dorothy Canfield Fisher)는 "어머니는 기대야 할 존재가 아니라 기대는 것을 불필요하게 만들어 주는 존재"라고 말했다. 가장 좋은 인간관계는 서로 종속되는 것이 아니라 건강하게 적당한 거리를 두고 각자 성장하는 것이다. 부모와 자녀 관계도 마찬가지다. 아이가 부모에게 지나치게 의지하거나 부모가 아이에게 무엇인가 기대하는 것 둘 다 건강한 관계가 아니다. 건강한 부모는 자신의 모든 것을 내어주고 희생하는 것이 아니라 적당한 시기에 정신적·물질적으로 독립하게 하는 것이다.

아이에게 무한한 사랑을 쏟지만 강요하지 않는 부모, 아이가 필요로 할 때는 달려가지만 원하지 않을 때는 굳이 도와주지 않는 부모의 공통점은 아이를 위해 자신의 꿈을 포기하지 않는 것이다. 아이의 삶 못지않게 부모의 삶도 소중하기 때문이다. 이런 가치관을 가진 엄마는 아이와 함께 있는 시간 외에 자신을 위한 시간도 따로 떼어놓는다. 그 시간에 자신의 성장을 위한 공부를 게을리하지 않는다.

자기 삶의 주인공으로 살며 끝없이 도전하고 공부하는 엄마를 보고 자란 아이는 엄마들을 생의 '긍정적인 모델'로 보게 된다. 나아가 부모를 존경할 줄 아는 아이가 된다. 엄마 역시 자존감이 높아져 더 행복한 인생의 2막을 열 수 있다. 자존감이 높은 부모 아래서 자란 아이 역시 자존감이 높은 아이로 성장하게 된다.

몇 명의 공부하는 엄마를 인터뷰하는 동안 그녀들에게서 몇 가지 특징을 발견했다. 그녀들은 무엇보다 여기저기 흩어지고 조각난 시간을 응축하고 모아들이며, 이를 집중시켜 시간의 효율성을 높인다. 그녀들은 쓸데없이 바쁜 게 아니라 너무 중요한 일을 하기 때문에 바쁘다. 시간을 사금파리가 아니라 금맥으로 여겨 분초를 쪼개며 사용하고 있다.

또 한 가지는 그녀들에게 분명한 비전과 꿈이 있다는 것이다. 그녀들의 관심사에는 미래에 대한 청사진이 그려져 있어 현재를 사랑하며 산다.

그녀들은 매일 가슴이 뛴다고 말한다. 그녀들에게 오늘 하루는 어제와 같이 반복되는 후렴구가 아니라 새로운 곡을 창조하는 작곡가의 변주곡이다.

이 책은 성장하고 배우는 엄마의 삶에 초점을 두었다. 아이의 인생이 소중한 만큼 자신의 인생도 소중히 여기는 엄마는 배움을 멈추지 않는다.

자, 이제 인생 2막을 열어보자. 성장하려는 엄마들이여!

당신 인생의 키워드는 바로 '배움' 이라는 단어다.

이화자

차례

PART 2 먹고 사랑하고 꿈꾸라

PART 3 10년 후, 엄마의 인생을 설계하라

PART 4 공부하는 엄마들의 분투기

PART 5 생애 최고의 순간을 만나기 위한 6가지 법칙

PART 6 나만의 공부법 - 공부 속에 미래가 있다

나를 찾고자 고민하는 엄마의 불안은 당신의 남은 인생을 뒤바꿀 최고의 영양제다. 그러니 공부로 남은 인생 2막을 디자인하고, 매일 조금씩 1센티미터라도 앞으로 나아가라. 당신의 잠재의식 속에서 '할 수 있다'고 다독이며 일생에 한번쯤은 공부하는 독종이 되어보자.

Part 1

'엄마의 인생 매뉴얼'을 점검하라

엄마,
공부로 다시 태어나라

엄마에게 공부가 필요한 이유에 대해 생각해보자.

공부라 하면 어떤 생각이 가장 먼저 떠오르는가? 학교 다닐 때의 지긋지긋한 시험과 성적이 떠오르는가?

학교 다닐 때 보는 시험은 범위가 정해져 있고 문제집 몇 권만 죽기 살기로 암기하면 웬만큼 원하는 목표에 도달할 수 있다. 그뿐인가. 학생은 선생님의 가르침과 부모님의 보살핌을 받아 학업에 열중한다. 공부를 소홀히 한다든지 숙제를 안 해오면 선생님의 잔소리를 들어야 한다. 주어진 커리큘럼 속에서 적당한 혹은 과도한 스트레스를 받으며 공부하는 학생은 힘들다고 아우성친다. 하지만 학교를 떠나 어른이 된 우리는 가끔 그 시절이 그립다.

어느덧 아이를 낳아 엄마가 된 지금, 당신은 공부와 담을 쌓고 살고 있지 않은가? 하루하루 나이를 먹으며 변화와 성장을 포기한 채 현실에 안주하고 있지는 않은가?

꾸준히 공부하면 건강한 긴장감과 활력이 생긴다. 무엇보다 무언가를 이루고 싶은 욕망을 꿈틀거리게 한다. 이것은 자연스럽게 꿈과 비전으로, 정년이 없는 제2의 일과 성공으로 이어질 수 있다.

세상은 하루가 다르게 변하면서 셀 수도 없는 많은 양의 정보를 쏟아내고 있다. 날마다 새롭게 변화하는 세상에 어떻게 적응해야 할지 아무도 가르쳐주지 않는다. 학교 선생님처럼 잔소리하는 사람도 없다. 이것이 엄마가 치열하게 독학으로 공부해야 하는 이유다.

미국의 사회학자인 윌리엄 새들러(William Sadler) 교수는 《서드 에이지, 마흔 이후 30년(The Third Age)》에서 우리 삶의 주기를 네 단계로 나눴다. 첫 번째 연령기는 '교육받으며 사회 진출을 준비하는' 태어나서 청년기까지인 1기(first age)와 '직장 생활과 자녀 양육 의무에 집중하는' 20~30대인 2기(second age)로 구분된다. 이 이후의 시간이 바로 '2차 성장을 통한 자기실현을 추구하는' 중년기로 3기(third age), 이른바 '서드 에이지'다. 주로 40세 이후 30년이 이 시기에 해당한다. 나이에 관계없이 자아실현에 관심을 쏟는 성인기 전체를 가리키는 용어로도 쓰인다. 이 시기가 끝나면 사람은 비로소 자신의 지난 삶을 마무리하는 인생 4기(fourth age)에 접어들게 된다.

현대를 살아가는 우리는 누구나 '인생 80세 시대'에 처해 있다. 앞 세대보다 30년 이상의 시간이 우리에게 주어진 셈이다. 새들러는 3기, 즉 서드 에이지인 중년기를 '2차 배움과 성장을 통해 자기실현을 추구해갈 수 있는 30년의 보너스' 라고 말한다.

청년이란 개념이 바뀌고 있다. 시골에 가면 60세는 청년이다. 국어사전에는 청년이란 '신체적, 정신적으로 한창 성장하거나 무르익은 시기에 있는 사람' 이라고 적혀 있다. 그런 점에서, 성장과 변화를 꿈꾸는 사람은 나이와 상관없이 청년이라고 할 수 있다.

보통 우리는 결혼과 출산을 하면서 갑자기 청년에서 훌쩍 뛰어넘어 장년기로 넘어가는 듯하다. 그 과정에서 꿈을 유보하고 주어진 현실에 타협하며 살아가기 바쁘다.

내가 좋아하는 명언 한 가지를 소개하고자 한다.

> 근사하게 보이는 삶을 더 이상 믿지 말고 지나간 세월을 보충하라.
> 그리고 하루하루를 마치 그대의 마지막인 것처럼 살아가라.
>
> – W. 드러먼드

나는 세 아이의 엄마로 살아왔고 오랫동안 초등학교 교사로 학교에 몸담았다. 퇴임한 후에도 기간제 교사로 교편을 잡으며 나름대로 만족하며 살았다. 하지만 나에게 꿈이 없었다는 사실을 내가 작가와 강사로 인생 2막을 살아가면서 비로소 느꼈다. 예전에 내가 생각했던 근사한 삶은 이렇게 아이들에게 부대끼지 않고 한 번이라도 편하게 살아보는 것, 소파에 등을 기댄 채 보고 싶은 TV 프로그램을 아무에게도 방해받지 않고 시청하는 것이었으니까.

언젠가 남편은 시댁에 가고 아이들도 각자 일이 있어 종일 혼자 있는 날이 왔다. 등에 짊어진 봇짐을 내려놓은 것처럼 그렇게 편할 수 없었다. 종일 집안일도 하지 않고 무조건 여가를 즐기기로 마음먹었다. 그동안 바쁘게 지내온 시간을 보상이라도 받듯이 혼자 아침부터 텔레비전을 틀어놓고 이리저리 채널을 돌리면서 보고 싶은 연속극과 가요 방송을 늘어지게 보았다. 그런데 오후가 되니까 그렇게 지루할 수가 없었다. 아무도 없이 혼자 지내보고 싶은 멋진 날은 한낱 신기루에 불과했다. 그날 이후 우아하고 근사하게 보이는 삶을 믿지 않기로 했다.

둘째 아이가 초등학교에 들어가던 해 나는 늦둥이를 출산했다. 조금 시간 여유가 생길 만할 때 셋째 아이를 낳아 터울이 길어진 덕분에 나의 육아 기간 역시 남보다 더 길어졌다. 게다가 둘째 아이의 사춘기가 길어져서 모녀끼리 소통할 기회가 줄어들었다. 답을 찾기 위해 나는 그때부터 책을 붙잡았고 교육대학원에 입학하여 상담 분야를 공부했다.

인생은 비행과 같다. 우리는 일정한 고도를 유지하며 하늘이라는 세상을 날다가 결혼을 계기로 안전하게 착륙한다. 위험부담이 없어 그럭저럭 살 만하니까 다시 이륙할 마음이 없다. 느긋하게 인생을 살고 싶어 이런저런 취미 생활도 즐기고 하다못해 남는 몇 시간을 백화점에서 쇼핑으로 까먹기는 '식은 죽 먹기'다. 금방 시간이 간다.

나는 아직 지난 삶을 마무리하는 인생 4기를 겪지 않았지만, 꿈이 없이 살아가야 한다면 비록 안전하고 위험부담이 없을지 몰라도 가슴 뛰는 삶은 오지 않을 것 같다.

꿈을 가지고 사는 사람은 하루하루를 인생의 마지막인 것처럼 살아간다. 그런데 그 꿈이라는 것은 무지개처럼 저만치 하늘에 걸려서 쳐다보는 물건이 아니다. 꿈이란 자신이 하고 싶고, 이루고 싶은 인생의 목표를 정하고 그 목표를 향해 달려가는 과정이다. 그러려면 당연히 그 과정에서 해야 할 일이 있는데, 그것이 공부다.

"이 나이에 무슨 공부야? 난 머리가 굳어서 책을 읽어도 도통 이해가 안 가."

"공부도 때가 있는 법이지."

이 말이 공부를 회피하기 위한 핑계에 불과하다는 과학적 증거가 있다. 교육심리학이라는 분야를 확립하는 데 중요한 역할을 한 심리학자 손다이크(Edward Lee Thorndike)는 성인에 대한 모종의 연구를 진행했다. 그래서 그는 14~50세 사이의 사람들에게 시 구절 외우기 등 다양한 실험을 실시했다. 그 결과 그는 25세와 45세의 학습 능력에는 의미 있는 차이점이 없다는 결론을 내렸다.

안타깝게도 사회생활을 시작했을 때는 공부하며 삶의 의미를 찾다가 엄마가 되고부터는 책을 손에서 놓고 공부를 포기하는 여자가 많다. 더구나 요즘 엄마들은 외모에 관심이 많아 피부관리실을 자주 드나들어도 서점은 잘 가지 않는다. 외모에는 아낌없이 투자해도 책을 사거나 공부하면서 자기 계발에 돈을 투자하는 것은 망설인다. 내가 읽을 책 덜 사서 아이가 볼 책 한 권 더 사주겠다는 엄마들도 있다.

공부는 지식과 지혜를 풍성하게 해주고 의식을 확장해준다. 공부하지 않는 사람은 고정관념에 묶여서 고지식해지지만 공부하는 사람은 유연한 사고를 가지고 인간관계를 잘 맺게 된다. 공부는 실패하는 와중에도 이겨낼 힘을 갖게 해준다. 그래서 엄마가 자신을 위해 투자하고 공부한다면 그것이 곧 아이를 위한 일이 되는 것이다.

온종일 책을 붙들고 공부하라는 말이 아니다. 책을 한 권이라도 읽는다면 그것은 내 두뇌에 자양분이 될 것이다. 시험을 잘 치르고 취업하기 위해서 배우는 것만 공부가 아니라, 그 자체를 통해 자극을 받고 더 잘 살기 위한 질문과 답을 찾아가는 과정이 전부 공부다. 이것이 엄마가 공부해야 할 이유이다.

가족이 있어도 외로운 엄마

이 세상에서 엄마란 어떤 존재일까? 엄마는 가정에서 육아와 살림을 도맡아 하면서 언제나 변함없이 한자리에 머물러 있는 큰 나무같은 든든한 존재다. 그러나 엄마는 가족이 있어도 외롭다. 사랑하는 남편과 깨물어도 아프지 않을 자식이 있는데도 말이다.

몇 년 전, 일본에서는《죽을 때 후회하는 스물다섯 가지》라는 책이 큰 인기를 끈 적이 있다. 이 책은 말기 암 환자들이 편안하고 인간답게 죽음을 맞이할 수 있도록 도와주는 호스피스 전문의인 오츠 슈이치(大津秀一)가 쓴 것이다. 이 책이 화제가 된 까닭은 그만큼 많은 사람이 인간답게 후회 없이 살고 싶다고 열망하는 마음이 크기 때문이다.

이 책에 담긴 내용 중 우리가 살면서 가장 후회할 일은 크게 두 가지다.

첫째, 사랑하는 사람에게 고맙다는 말을 많이 했더라면

둘째, 진짜 하고 싶은 일을 했더라면

이 두 가지는 쉬운 일인 것 같아도 간단하지가 않다. 가정에서 엄마의 일이란 일상이고 당연한 것이지 칭찬할 일이라고 생각하지 않는다. 엄마라는 존재도 마찬가지다. 이 세상에서 가장 사랑하는 가족이지만 그렇기에 더욱 큰 상처를 받기도 한다. 고맙다는 말은 어버이날이나 아이들 생일날 "절 낳아주셔서 감사합니다"라는 인사를 받는 걸로 만족해야 한다.

엄마 자신도 밖에서는 "감사합니다"가 몸에 배어 있지만, 가족에게는 감사의 말을 잘 하지 않는다. 가족에게 감사의 마음보다 원하는 바가 더 많을지 모른다. 그만큼 엄마는 더 외로움을 느낀다. 자기 일이나 공부에 매진하지 않는 엄마일수록 가족이 옆에 있어도 외롭다.

그러나 공부하는 엄마는 다르다. 공부를 하면 할수록 우리 뇌는 활성화되는데 기억을 담당하는 해마의 신경세포가 증식되기 때문이다. 그래서 공부하는 엄마는 젊은이처럼 총명하고 활기찬 삶을 살 수 있다.

실제로 쉰이 넘은 나이인 나는 세 아이가 모두 이십 대로 접어들어 편안한 삶을 즐기고 여유를 부릴 나이지만 배움과 성장을 멈추지 않는다. 작년에 글을 쓰고 책을 출간하여 작가의 삶을 살게 되면서 더 생기가 돈다는 말을 많이 듣는다.

책을 쓰려면 당연히 많은 책을 참고해야 하므로 관련 분야의 다양한 도서를 읽으면서 자연스레 공부를 하게 된다.

수많은 도서를 섭렵하다 보면 끊임없이 지적 자극과 즐거움을 얻게 된다. 진짜 하고 싶은 일, 진짜 하고 싶은 공부를 하면 저절로 뇌에서 세로토닌이라는 신경전달물질이 생성된다. 세로토닌은 우리 뇌에서 행복한 기분을 만드는 작용을 한다고 알려져 있다. 그러니 행복하고 즐거운 인생을 살기 위해서 배움의 삶을 사는 것은 어떨까?

헬렌 니어링(Helen Nearing)은 《아름다운 삶, 사랑 그리고 마무리》에서 이렇게 말한다.

> 인생은 당신이 배우는 대로 형성되는 학교다.
>
> 당신의 현재 생활은 책 속의 한 장에 지나지 않는다.
>
> 당신은 지나간 장들을 썼고, 뒤의 장들을 써갈 것이다.
>
> 당신이 당신 자신의 저자다.
>
> (중략)

헬렌 니어링에 따르면 엄마는 배우는 대로 형성되는 학교에서 자기만의 저자로 산다. 저자는 책을 어떻게 쓰고 마무리할지 자기만 안다. 인생의 주인공이 바로 '엄마'라는 뜻이다.

'현모양처'라는 말이 우리나라에 등장한 것은 조선 시대 이후 1900년대다. 현모양처는 남성이 가정의 주인이라는 호주제와 결합되어 끊임없이 여성, 즉 엄마의 희생을 요구하고 당연시하는 문화의 상징이 되었다.

2000년대에 들어와서 입시 경쟁이라는 시대적인 상황과 맞물려 어머니의 역할은 '치맛바람'이 대신했다. 이는 아이 주변을 맴돌며 간섭하는 '헬리콥터 맘'이라는 신조어를 탄생시키기도 했다.

자녀 교육을 위해서는 '시아버지의 경제력, 아버지의 무관심, 어머니의 정보력'이 중요하다는 말이 있다. 이 시대 어머니의 상은 헌신을 넘어 힘겨운 입시 전문가 노릇까지 요구하고 있다.

많은 엄마가 자녀를 위해 온갖 헌신을 하는 것을 당연하게 생각한다. 입시 설명회에 정작 대학 입시를 앞둔 학생보다 엄마가 대부분인 장면을 보면 의아하다. 아이는 공부하느라 바쁘니까 덜 바쁜 엄마가 입시 정보를 챙기는 것이 정말 바람직할까? 아이가 자신이 원하는 대학 입시 요강을 살펴보고, 다른 대학과 비교해보고, 그 대학이 어떤 장점이 있고 자신의 미래와 방향이 같은지 분석하고 선택하는 과정도 공부인데 말이다. 부모가 먼저 나서면 아무래도 아이는 손을 놓은 채 부모가 해주는 밥상을 기다리는 유약한 사람이 되지 않을까 걱정된 부모는 자식이 살아가는 동안 장애물을 만났을 때, 장애물을 치워주는 것이 아니라 장애물을 넘는 법을 가르쳐주어야 한다. 자식이 홀로 살아갈 수 있는 능력을 키워주는 것이 우선이지, 자식을 살기 쉽고 편안하게 해주는 것만이 능사가 아니다.

사랑하는 가족이 편안하려면 엄마는 좀 힘들어도 된다고 생각하는 경향이 있다. '나보다 더 좋은 환경에서, 나보다 더 잘 살기 바란다'는 목표를 가지고 교육하는 엄마도 많다. 하지만 좋은 환경에서 자라는 것이 꼭 바람직한 것은 아니다. 어차피 우리 인생이 거칠고 황무지 같은데 코앞에만 쓸고 닦는다고 온 사회가 달라지는 것은 아닐 테니까. 오히려 일찍 힘듦과 아픔을 겪어보는 것이 아이에게 더 좋은 예방주사가 될 수 있다.

내 친구가 꼭 그렇다. 늦은 결혼 후 외동아들을 둔 그녀는 모든 스케줄을 아이에게 맞춘다. 하교 후 학원에 가는 것은 물론 공휴일까지, 그녀의 시간은 아이의 빈 시간 외에는 없다. 심지어 아이의 학원 스케줄이 바빠지면 잘 나오던 모임도 끊고 대학에 갈 때까지 당분간 다른 계획은 잡지 않을 것이라고 말한 적도 있다.

아이가 집에서 공부하는 시간에도 그녀는 절대 외출하는 법이 없다. 그녀는 거실에서 홈쇼핑이나 인터넷을 하릴없이 뒤지다가 아이의 간식을 챙겨준다. 여기까지는 큰 문제가 없다. 아이에 대한 그녀의 지극정성에 감탄할 정도였으니까. 하지만 아이가 딴짓을 하고 있는지 살며시 방을 들여다보고 낙서를 하거나 휴대전화를 들여다보는 이상

징후가 보이면 바로 혼을 낸다는 건 도가 지나치다는 생각이 든다.

남편이 사업 때문에 가정을 소홀히 하는 동안, 외로움을 자식에 대한 끔찍한 집착으로 해소하는 것 같아 마음이 씁쓸했다. 부모라서 자녀의 영역을 간섭하고 희생하는 것이 아니라, 부모여서 행복했으면 한다. 가족이 있어도 외로운 엄마가 희생을 자처하고 희생이라는 이름으로 자신을 혹사시키는 것은 아닐까?

이제 엄마는 민낯으로 자신의 인생을 마주해야 한다. 소중한 엄마의 꿈을 조용히 꺼내보는 시간이 필요하다. 자녀의 인생에 묻혀 빛바랜 꿈 조각을 들추어 들여다보라. 그 꿈을 매만지며 그것을 당신 인생의 우선순위에 둘 때 비로소 엄마는 외로움을 잊는다. 그런 엄마를 가족은 응원한다. 설령, 응원을 받지 않아도 엄마는 꿈이 있어 행복한 엄마가 된다.

아이는 떠나도
내 삶은 남는다

남편이 "당신, 엄마 맞아?"라고 말할 때가 종종 있었다. 조선 시대 여자처럼 자식을 위해 헌신하는 엄마가 아니라는 뜻이다. 나는 영어 연수, 상담 연수 등 자기 계발을 게을리 하지 않았고, 틈틈이 책을 읽을 때가 많았다. 그만큼 아이에게 쏟는 시간은 줄었을 테니 "당신, 엄마 맞아?"라는 남편의 말에 충분히 공감이 간다.

다른 엄마는 아기가 "끙!" 하는 소리만 들어도 벌떡 일어난다는데 잠꾸러기인 나는, 아기가 얼굴을 꼬집고 '찰싹찰싹' 때리면 그제야 일어나서 젖을 물리는 엄마였다. 내 몸에는 모성 인자가 부족한 게 아닐까 하는 생각도 들었지만, 어느덧 세 아이는 모두 집을 떠나 자기만의 둥지를 트는 나이가 되었다.

나는 아이를 다 키운 인생 선배로서, 아직 어린 아이를 키우는 엄마에게 매 순간 아이를 떠나보낸 후의 미래를 염두에 두고 살아야 한다고 말하고 싶다.

《논어》에서 공자는 "묵묵히 마음속에 새겨두고 배움에 싫증을 내지 않으며 남을 가르치기를 게을리하지 않는 것, 이 가운데 무엇이 나에게 갖추어져 있는가?"라고 물었다. 그러면서 공자는 배움에 두 가지 종류가 있다고 했다.

> 첫째, 위기지학(爲己之學), 스스로를 위해 배우는 것
>
> 둘째, 위인지학(爲人之學), 남에게 알려지기 위해 배우는 것

세상을 사는 동안 쓰나미처럼 밀려오는 수많은 지식의 양에 떠밀려 정작 무엇을 배워야 할지 모를 때가 많다. 공자가 말했던 것처럼 배움에 싫증을 내지 않으려면 모든 공부는 위기지학, 스스로를 위해 배우는 것이어야 한다. 자신이 정말 알고 싶고 배우고 싶은 것을 찾아야 한다. 그 배움은 엄마가 아이를 키우는 동안에도 세상과 연결되는 소통의 통로가 되고, 아이를 키운 후에는 엄마를 성장시키는 매개체가 된다.

스스로를 위해 배울 수 있는 것은 무엇이 있을까? 크고 내로라할 만한 것이 아니라도 좋다. 정말 하고 싶은 일이 무엇일까 고민해보라.

시를 쓰고, 사진을 찍고, 책을 읽고, 공부를 하고, 꽃을 가꾸는 일, 그동안 하고 싶었지만 미루고 있던 일은 무엇인지 생각해보라.

아인슈타인은 자신이 무엇을 원하는지 모르고 사는 사람들에게 “인생의 가장 큰 비극은 무엇인지 아는가? 겉으로는 숨을 쉬며 살아 있지만, 가슴과 영혼은 숨을 거두고 있는 것이다”라고 말했다. 많은 엄마는 주어진 하루 일과를 열심히 수행하며 산다. 하지만 아이가 엄마 품을 떠나 자립한 후에 빈 둥지 속에서 허전함과 외로움에 갇힌 어미 새가 되지 않으려면 공부와 멀어져서는 안 된다.

타샤 튜더(Tasha Tudor)는 아이들을 다 떠나보낸 뒤 동화책 삽화를 그리는 할머니 작가다. 그녀는《행복한 사람, 타샤 튜더》에서 이렇게 말했다.

“자녀가 넓은 세상을 찾아 집을 떠나고 싶어 할 때 낙담하는 어머니들을 보면 딱하다. 상실감이 느껴지긴 하겠지만, 거기서 벗어나 어떤 신 나는 일을 할 수 있는지 둘러보기를 바란다. 인생은 신나는 일만 하려고 해도 다 할 수 없을 만큼 짧다.”

실제로 타샤의 삶은 동화보다 더 아름답다. 92세로 세상을 떠나기까지 시골 버몬트 주의 30만 평이나 되는 정원에서 살았던 타샤는, 손수 천을 짜서 옷을 해 입었고, 염소젖으로 요구르트를 만들어 먹었다. 혼자라도 대충 한 끼 식사를 때우지 않고 스토브에서 음식을 구워 먹고 직접 끓인 허브차를 끓여 자신만의 멋진 티타임을 가졌다. 그녀는 자신의 삶을 사랑하고 자신만의 시간을 오롯이 즐겼다.

타샤의 삶은 우리나라 노인의 삶과 매우 대조된다. 타샤는 우리나라 대부분의 노인들과 달리 아이를 키우는 동안에도 자신을 위한 시간을 가지고 끊임없이 배우며 삶을 가꾸어왔다.

몇 해 전 KBS 〈아침마당〉의 한 코너 '세대공감 알랑가 몰라'에 '옛날 엄마 vs 요즘 엄마'라는 주제로 방송이 나온 적 있다. 옛날 엄마의 특징 중에 헌신하는 엄마가 아들과 딸을 차별하는 엄마, 살기 좋아졌는데 궁상떠는 엄마에 이어 3위를 차지했다.

작가 황선미가 쓴 《마당을 나온 암탉》의 잎싹은 양계장의 안전한 마당에서 나와 우연히 청둥오리의 알을 품게 된다. 잎싹은 그렇게 부화한 청둥오리를 사랑과 정성으로 키우고 나서는 자신과 마찬가지로 새끼를 키우며 굶주리던 족제비에게 자신의 목숨을 내주기까지 한다. 나는 잎싹의 희생이 아름다웠지만 온몸을 다해 헌신하기보다 몸을 아껴서 끝까지 청둥오리를 지켜주는 결말을 바랐다. 아쉬웠다.

가수 이적의 엄마로 잘 알려진 여성학자 박혜란은 자식이 성공 못 해 땅을 치는 것이 아니라 노후가 처량해져 땅을 치게 된다고 쓴소리를 했다.

"자식에게 올인하지 마라."

그녀의 말은 정말 일리가 있다. 노년을 버틸 최소한의 연금도 기대할 수 없는 젊은 부모가 지출의 60퍼센트를 자녀 교육에 쏟아부으면 안 된다는 충고는 귀담아들을 필요가 있다. 부모의 초라한 노후를 그저 지켜봐야만 할 자식 세대는 죄송스런 마음에 부모를 원망하게 될지도 모른다. '차라리 자신에게 돈을 쏟아붓지 않았다면 죄책감이 훨씬 가벼워질 텐데'라는 참담한 심정이 될지도 모르니 절대 자식에게 올인하지 말라고 말한다.

어쨌든 아이가 떠난 후에 더욱 의미 있는 삶을 살려면 오롯이 엄마의 몫을 남겨두어야 한다. 자식이 당신을 챙겨주지 않는다고 한탄하지 않고 당신 스스로의 힘으로 인생의 노를 저어가려면 힘이 필요하다. 그 힘은 바로 배움에서 나온다. '아는 것이 힘이다'라는 속담처럼 모든 것은 배움에서 시작되고 배움에서 끝이 난다. 내가 아는 것이 맞는지 질문하며 배우는 자세야말로 공부의 기본이다. 고정관념을 계속 깨뜨려야 폭넓은 혜안을 가진 어른이 된다.

인정받기 위해 살지 마라

미국의 유명한 목사인 조엘 오스틴(Joel Osteen)은 '남에게 인정받기 위해 살지 마십시오'라는 제목으로 설교를 한 적이 있다. 설교 내용은 이러하다.

"오늘은 다른 사람에게 인정받기 위해 살지 말라는 이야기를 하려고 합니다.

많은 사람은 '그들이 나를 좋아할까? 나를 인정해줄까? 나를 중요한 사람으로 알아줄까?' 라는 식으로 다른 사람들의 생각에 가치를 두고 인정을 받으려고 합니다. 불안감 때문에 그들은 사람들에게 잘 보이고, 호감을 사고, 기대에 부응하려고 합니다. 그렇게 되면 그들은 결국 자기 자신이 아닌 다른 사람들에게 지배받고, 자기 자신의 모습이 아닌 다른 모습으로 다른 사람의 틀에 맞추게 됩니다.

오늘날 많은 사람이 자신의 꿈을 추구하지 못하고 있습니다. 가족이나 친구들의 요구를 충족시키지 못하면 도움이나 인정을 받지 못할까 봐 그럽니다. 그들의 모든 요구를 들어주고 그들을 계속 기쁘게 해주어야 인정을 받을 수 있다면, 그들은 진정한 친구가 아닙니다. 여러분을 이용하고 있을 뿐입니다. 여러분을 지배하고 있는 것입니다."

자신을 진정으로 사랑하는 사람은 다른 사람들의 사랑을 억지로 원하지 않는다. 다른 사람들의 눈치를 보지 않는다. 스스로를 돌아다보며 자기를 인정하는 것만으로 충분하다. 바꾸어 말하면, 자신을 진정으로 사랑하는 엄마는 남편이나 아이를 사랑하지만 가족에게 인정받기 위해 자신을 희생하지 않는다.

실제 아이를 키우면서 느끼는 엄마들의 가장 큰 괴로움은 '자아상실'에 있다고 해도 과언이 아니다. 남편이나 아이 뒷바라지하는 '나' 말고, 진정한 '나'는 어디에 있는가? 이것을 잘 설명해주는 단어가 '좋은 엄마 콤플렉스'다.

2011년 8월, 통계청의 발표에 따르면 우리나라 산모의 평균 출산나이는 31.25세로 2009년에 비해 0.29세 높아졌다. 첫 출산을 한 산모의 평균 나이는 30.1세였다. 30세가 넘어 초보 엄마가 되는 요즘 엄마는 확실히 친정 엄마 세대와 다르다. 아들 못지않게 교육을 받고 마음껏 자아실현을 하는 세대다. 가정에서 육아에 전념하기보다 자기 일을 계속하는 워킹맘은 '좋은 엄마 콤플렉스'에 시달리는 경우가 많다.

얼마 전에 모 인터넷 카페에 젊은 회사원 엄마가 글을 올렸다. 그녀는 초등학교 3학년인 아들이 있었다. 뒤늦게 둘째 아이를 임신했는데 아쉽게 유산을 했다. 회사에 휴직계를 내고 몸을 추스른 후에, 여행을 무척 좋아하는 그녀는 중대 결단을 남편에게 통보했다.

"자기야, 나 이번 추석 연휴에는 여행을 갈 거야. 추석에 시댁에 가면 제사 준비로 제대로 쉬지도 못할 테고, 차라리 혼자 휴양지에 가서 푹 쉬다 오고 싶어. 시부모님께는 자기가 잘 말해줘."

아직 미혼일 경우야 명절에 여행을 가든, 등산을 가든 간섭할 사람이 없어 자유지만 가정이 있는 엄마가 이렇게 선언하기란 결코 쉽지 않다. 그 엄마는 몸과 마음이 힘든 상태에서 단지 가족에게 인정받기 위해 자신을 희생하기를 원하지 않았다. 자신의 마음속에서 진정 원하고 있는 것은 조용한 휴식이었고 그 내면의 목소리를 따라간 것이다.

솔직히 나는 자신이 정말 원한다면 다른 사람 눈치 보지 않는 젊은 엄마의 결단이 부러웠다. 우리 세대는 하고 싶은 말이 있어도 꾹꾹 참고, 하고 싶은 일이 있어도 이 사람 저 사람 눈치보다 결국 아무것도 하지 못하고 그대로 주저앉곤 했다. '좋은 엄마'라는 소리와 가족의 인정이 나의 욕구보다 중요하고, 더 앞섰기 때문이다.

나도 남편과 아이들을 살뜰히 챙기기보다 나의 꿈을 성장시키기 위한 공부에 시간을 쏟다 보면 미안할 때가 있다. 가끔 '좋은 아내, 좋은 엄마'가 아닌 것 같아 혼자 쓸쓸할 때도 있다. 가족에 대한 미안함, 죄책감, 그리고 서운함까지, 이 마음들은 꿈을 향해 전진하는 엄마에게는 항상 싸워야 할 적이다.

그러나 자의식이 강한 사람은 쉽게 마음을 다치지 않는다. 자신에 대한 믿음과 확신이 있어서 충격이 오더라도 금방 떨쳐버리고 일어나게 된다. 하지만 자신에 대한 믿음과 사랑이 부족한 사람, 자신이 보잘것없는 존재라는 열등의식이 자리 잡고 있는 사람은 인정받지 못하는 것을 못 견뎌 한다.

엄마들은 자신이 보잘것없는 존재라고 생각하면 '좋은 엄마 콤플렉스'에 빠질 확률이 높다. '좋은 엄마 콤플렉스'란 쉽게 말하자면, 좋은 엄마가 되어야 한다는 강박관념을 말한다. 보통 좋은 엄마라고 하면 아이에게 무엇이든 잘해주고 화도 안 내는 완벽한 엄마를 떠올린다. 남편에게는 좋은 아내가 되어야 한다는 강박관념에 자신의 뜻과 의지를 뒤로한 채 속앓이를 하는 아내쯤으로 이해하는 경우가 많다.

하지만 건강한 엄마는 갈등을 있는 그대로 두지 않고 능동적으로 풀어나간다. 시댁, 남편, 아이와의 문제가 생기면 최선을 다해 해결한다. 따라서 그들의 마음에는 좋은 엄마가 되어야겠다는 강박관념이 없다. 가족을 위해 최선을 다하지만, 결코 인정받으려고 하는 일은 아니다.

자신의 삶을 뒤로하고 아이에게 모든 정성을 쏟는 엄마들이 있다. 그런 엄마들의 속마음에는 자신이 정성을 쏟은 만큼 되돌려 받고 싶은 마음이 내재한다. 이는 엄마뿐 아니라 아이에게 나쁜 영향을 미친다. 인정받거나 칭찬받고 싶은 욕망은 치료제가 없다. 타인의 인정과 칭찬은 자신의 욕망을 채워주지 못한다. 자신의 가치를 스스로 인정하는 것이 최고의 처방전이다.

아이는 엄마가 헌신한다고 해서 고마워하지 않고 당연하게 여긴다. 자신이 할 수 있음에도 엄마에게 이것저것 요구한다. 엄마에게 기대고 의존심만 높아질 따름이다. 남편도 마찬가지다. 부부는 대등한 관계에서 만나 한 가정을 이루어 서로를 이해하고 지지해주어야 건강한 동반자가 된다. 일방적으로 한쪽이 희생하고 기울어진 채로 오래가다 보면 갈등의 고리가 깊어지게 마련이다.

남편이나 아이에게 인정받기 위해 살지 마라. 엄마 자신이 인정할 수 있는 것을 찾아라. '나는 무엇을 하고 싶은지' '나는 어떻게 살고 싶은지' 질문하는 것이 진정한 탐색의 과정이 될 수 있다. 당신 인생의 참된 가치를 끌어올리는 지금이 바로 성장의 마중물을 붓는 시간이다.

엄마의 이름은 원래 '엄마'가 아니다

결혼 전 다른 사람이 부르던 이름이 '엄마'가 되는 순간, '누구 엄마'로 바뀌었다. 내 이름은 온데간데없어졌다. 전업 주부인 경우에는 자신의 이름 세 글자가 낯설 때가 많다. 워킹맘이라 해도 '누구 엄마'에 만족하고 사는 엄마가 많다. 한마디로 엄마의 꿈이 이름과 함께 사라진 것이다.

생활 여성지인 〈리빙센스〉에서 이런 글을 본 적이 있다.

> 어느새 여자라는 이름은 지워지고 엄마라는 이름만 남았다. 결혼 전에는 오로지 자신만을 위해 살았는데, 어느새 아이 바보가 다 됐다. 이제는 하고 싶은 것도, 갖고 싶은 것도 포기해야 할 때가 더 많지만

> 그래도 아이 때문에 웃고 아이 때문에 눈물짓는 엄마의 인생이 참 좋다. 하나라도 더 먹이고, 더 입히고 싶은 마음에 욕심이 참 많아졌다. 그래서 때로는 잘되라고, 나보다 더 나은 인생을 살라고 싫은 소리도 하게 된다. 하지만 아픈 말 한마디, 찡그린 표정 하나까지도 자신을 정말 사랑해서라는 걸 아이는 알까? 아니, 평생 몰라준대도 괜찮다. 이 맹목적인 사랑을 놓을 수 없는 나는 엄마니까. 세상이 무너지고 천지가 개벽해도 내 아이만은 지켜낼 그런 엄마니까 말이다.

나도 한때 그렇게 생각한 적이 있던 엄마였다. 너무 예뻐서 아이를 위해서라면 어떤 희생도 할 수 있을 것 같은 그 마음은 정말 진심이었다.

하지만 아이는 사춘기가 되면 부모보다 친구를 더 좋아한다. 아이는 저 잘되라고 하는 소리를 간섭과 참견으로 여기고는 문을 '탕' 닫고 잠가버린다.

"제발 알아서 할 테니까 내 일 참견하지 말고 엄마 일이나 잘해!"

이쯤 되면 아무리 인내심이 강한 엄마라도 약이 머리끝까지 오른다. 아이를 위해 헌신한 일이 주마등처럼 스쳐간다. 아무리 몸이 아파도 아침밥을 먹이고 학원비 내느라 입고 싶은 옷도 마음 놓고 입지 못했는데 자식이 알아주지 않는 것 같아 섭섭하다 못해 화가 난다. 하지만 이것은 이제 시작에 불과하다. 나처럼 세 아이를 키우면서 겪은 노하우가 하나 있다. 아이가 "참견하지 말고 엄마 일이나 잘해"

라고 말하기 전에 엄마만의 일을 찾는 것이다.

만약 '누구 엄마'로서 만족하고 행복하다면 그렇게 살면 된다. 하지만 유난히 자아가 강하거나 평범한 삶에 갈증을 느끼고 꿈에 대한 열망이 센 엄마들이 있다. 만약 그런 엄마가 자아를 펼치지 못하면 허무감을 경험하게 된다. 아이를 키우면서 시시때때로 힘들어지고 끝내 우울증에 걸리는 경우도 있다.

엄마의 미래는 엄마의 잃어버린 이름을 찾는 일이다. 전업주부이든 워킹맘이든 엄마의 꿈을 대변할 수 있는 이름 석 자를 찾기 위해서는 어제와 똑같이 살면 안 된다. 어제와 다른 오늘, 변화된 오늘을 살아야 미래를 기대할 수 있다. 랠프 월도 에머슨(Ralph Waldo Emerson)은 "책을 읽는다는 것은 많은 경우 자신의 미래를 만든다는 것과 같은 뜻이다"라고 했다. 나는 이 말에 몇 번이고 동의한다.

우리 인생은 우리의 생각에 의해 달라지는 것이지, 환경이나 인간관계에 의해 달라지지 않는다. "생각이 1퍼센트만 바뀌어도 인생이 달라진다"는 말은, 생각이 그 어떤 요소보다 사람의 인생에 큰 영향을 끼친다는 것을 의미한다.

'아무것도 선택하지 않고 사는 것은 최악의 것을 선택하는 것과 같다'고 한다. 다람쥐는 아무 생각 없이 어제와 같은 속도와 방법으로 쳇바퀴를 계속 돌린다. 엄마가 오늘도 어제와 똑같은 하루를 산다면 그와 다름없다. 아직 힘이 남아 있을 때는 모르지만 언젠가 자식이 떠나고 남은 기력마저 떨어질 때 누가 엄마의 쳇바퀴를 돌려줄 것인가?

"바람은 목적지가 없는 배를 밀어주지 않는다"는 몽테뉴(Michel De Montaigne)의 말처럼, 목표나 도전이 없는 엄마의 인생은 저절로 어제보다 더 나은 삶을 향해 열리지 않는다. 어제보다 더 나은 삶을 찾기 위해 이미 말했던 '나는 누구인가?' '나는 무엇을 하고 싶은가?'에 대한 질문과 탐색을 계속해야 한다. 질문하는 엄마는 이미 꿈의 좌석에 예약표를 던진 것과 같다.

세계 최고의 리더십 전문가 존 맥스웰(John Maxwell)은 《사람은 무엇으로 성장하는가》에서 이렇게 조언했다.

"세계 여행, 대학원 진학, 취직, 생각할 여유 등 무엇을 계획하든 머리의 소리를 듣지 마라. 마음의 소리에 귀를 기울여라. 마음은 최고의 경력 상담가다. 자신이 정말로 사랑하는 일이 무엇인지 아직 정확히 모른다면 계속 탐색하라. 일단 그것을 찾으면 설령 자동화 기기가 등장하거나 아웃소싱이 밀고 들어와도 결코 무너지지 않을 무언가가 생긴다. 즉 당신이 방사선 전문의든, 엔지니어든, 교사든 당신은 결코 남이 대체할 수 없는 사람이 된다."

엄마는 자신이 누구이며, 어떤 장점이 있는지, 무엇을 진정으로 원하는 사람인지 알려면 자신에 대한 이해와 탐색이 필요하다. 또한 자기 자신의 성장이 필요하다. 자신에게 중요한 것을 아는 것은 상상 이상의 큰 힘을 갖는다. 예상하지 못한 열정이 일어나고 누군가에게 도전이 된다.

워런 버핏(Warren Buffett)은 복리 효과를 설명하기 위해 '눈덩이'라는 표현을 사용했다. 처음에 눈송이가 너무 작을 땐 '이것이 과연 눈덩이가 될까?'라는 의구심이 생겨나지만 눈송이를 모아 굴리면 결국 눈덩이가 된다.

투자에도 '눈덩이 효과'가 있어 작은 돈을 계속 굴리면 큰 수익을 낼 수 있듯이 인간의 성장도 마찬가지다. 엄마에게 있는 작은 잠재력을 갈고닦으면 빛나는 다이아몬드가 될 수 있다.

배우이자 코미디언인 릴리 톰린(Lily Tomlin)이 "성공으로 가는 길은 언제나 공사 중이다"라고 말했듯이, 길이 환하게 뚫리려면 공사 기간이 필요하다. '엄마'라는 이름이 내 이름 석 자로 바뀌기 위해서는 단 한 번의 낚시로 월척을 낚을 수 없듯이 수많은 노력이 필요하다.

엄마가 재능이 있다면 그 재능을 꽃피우고, 기회를 놓쳤다면 다시 찾아야 한다. 그 과정에서 자신의 이름을 찾아야 하는데, 이는 배움의 과정을 통해서 가능하다.

하루하루 공부하며 새로운 자신을 만나라. 어느덧 '엄마'라는 이름보다 원래 이름 석 자가 당신의 인생 2막을 빛나게 해줄 것이다.

불안하다면 잘 살고 있다는 증거다

스위스 작가 알랭 드 보통(Alain de Botton)은 그의 책 《불안(*Status Anxiety*)》에서 사람들은 다른 사람들보다 못한 사회적 지위 때문에 불안을 느낀다고 말한다. 말하자면, 사람들은 주변인의 인정이 있어야 평화를 느끼기 때문에 평생 불안을 짊어지고 간다는 것이다. 그리고 사람들에게 받는 인정은 자기가 가진 지위 때문이라고 생각하고 그 지위를 잃어버릴까 봐 불안해한다.

사회적 지위 때문에 불안을 느끼기도 하지만 반대의 경우도 있다. 자연인인 여성이 엄마가 된 후 가족을 위해 모든 것을 쏟아붓는다. 그리하여 남편과 아이들은 조금씩 성장하는데 엄마는 스스로 사회에서 뒤처지는 것 같아 불안하다.

사실, 불안은 다른 사람과의 비교 의식에서 오는 경우가 더 많다. 학교 다닐 때는 학업 경쟁에서, 대학에 갈 때는 남보다 더 좋은 곳에 가야 한다는 심리에서 그리고 결혼할 때는 남들보다 더 나은 조건을 가진 배우자를 만나야 한다는 생각에 불안감을 느낀다. 엄마가 된 후는 어떤가? 하다못해 옆집 엄마보다 더 넓은 아파트, 유명한 유치원, 더 좋은 유모차 등 끝이 없다. 그만큼 엄마들의 불안도 커트라인이 없다.

열심히 노력해서 원하는 것을 다 가진다고 불안이 사라지는 걸까? 정신분석가 카렌 호나이(Karen Horney)는 '인간은 불안을 안고 살아갈 수밖에 없는 존재'라고 했다. 살아가는 동안 인간의 내면에는 언제나 불안이 자리하고 있다.

여기서 내가 말하고자 하는 불안은 남과 비교해서 오는 불안이 아니다. 나 스스로 내면을 들여다볼 때 정말 잘 살고 있는지에 대한 건설적인 불안을 말하고 싶은 것이다. 남보다 잘살고 싶고, 남보다 높아지고자 하는 마음이 아닌 내가 정말 하고 싶은 것, 정말 되고 싶은 것을 이루고자 하는 간절함에서 오는 불안 말이다.

보윤이 엄마는 남편이 변호사이고 중학교에 다니는 아이들은 공부 잘하는 모범생이다. 겉으로 볼 때는 남부럽지 않은 삶을 살고 있다. 사십 대 중반인 그 엄마는 이제 임용고시를 준비하고 있다. 대학 때

전공을 살려 보건교사 임용시험을 준비하느라 매일 도서관에 출근하다시피 한다. 그동안 접어놓았던 공부를 하느라 힘들지만, 한국사가 너무 재미있다며 환하게 웃는다.

"운동도 하고 취미를 살려 서양화도 그리지만 정말 내가 하고 싶은 것이 무엇인지 아직도 모르겠어요. 아이들도 이제 커서 시간적인 여유가 많아요. 아이들에게 묶여있을 때는 나만의 시간이 너무 그리웠는데, 엄마들과 점심 먹고 카페에서 수다를 한참 떨다 집에 오면 뭔가 더 허전하고 불안해요. 그래서 나의 꿈을 찾아야 하는데 일단 도서관에서 공부하려고요. 그러다 보면 뭔가 길이 보이겠죠. 집에 있으면 이리저리 쌓인 먼지만 보여 쓸고 닦느라 글 한 줄 볼 시간이 없더라고요."

그녀는 독서법에 대한 책을 세 권이나 빌리면서 차츰 독서와 공부에 대한 재미를 붙이고 있다. 얼굴엔 생기가 있어 보이고 옆에 있는 사람에게 행복 바이러스가 전해지는 것 같다.

톨스토이가 "우리에게 진짜 생활은 현재뿐"이라고 말했듯이 우리는 현재 이 순간에 최선을 다해야 한다. 그녀는 우리가 현재에 몰입하지 못하기 때문에 과거에 집착하고 미래에 불안을 느낀다고 주장했다.

프리츠 펄스(Fritz S. Perls)는 게슈탈트(Gestalt) 심리학으로 유명하다. 그는 정신 치료에서 '여기 그리고 지금의 삶'의 중요성을 주장한

정신과 의사다. 예를 들어 "장미는 캥거루가 아닌 장미로서 그 자신을 실현하고 코끼리는 새가 아닌 코끼리로서 그 자신을 실현한다"라고 했을 때, 장미가 장미로서 자아를 실현하려면 어떻게 해야 할까? 먼저 자신을 알아야 한다. 자신의 강점과 원하는 바를 찾아가려면 자신을 알아가는 것이 중요한데, 보윤이 엄마는 공부라는 방법을 택했다.

심리학에 에로스와 타나토스라는 용어가 있다. 에로스가 살려는 의지, 즉 앞으로 나아가는 의지를 뜻한다면, 타나토스는 그 반대로 스스로 자아를 멈추게 하는 의지, 또는 수동적으로 끌려가는 의지를 의미한다고 할 수 있다. 결국, 그것도 엄마의 선택이다. 인생이란 분명 자신의 의지와 상관없이 시작되지만 나중에는 반드시 자신의 의지로 나아가야 한다.

엄마의 인생을 보면 에로스의 요소보다 타나토스의 요소가 더 많이 작용한다. 엄마가 된 순간, 즉 임신할 때부터 내 몸도 마음대로 할 수 없다. 아이를 낳고부터는 육체적으로나 정신적인 것은 물론 시간적으로도 묶이게 되니 한 걸음 앞으로 나아가는 것 자체가 난항이다.

이때부터 엄마는 이미 언급한 '내가 잘 살고 있는가?'라는 불안을 겪게 된다. 이 불안은 막연한 미래에 대한 불안, 근거 없는 불안이 아니다. '정말 지금 이렇게 사는 것이 옳은가?' '내가 정말 원하는 삶인가'에 대한 근원적인 질문에 따른 불안이다.

아이를 낳고 갑자기 축 처져서 사는 엄마를 자주 본다. 아무리 바빠도 속눈썹까지 붙이고 다니던 그녀는 예전의 모습이 아니다. 분초를 다투며 사는 워킹맘도 아이 이유식과 학원 스케줄을 챙기느라 육체적으로나 정신적으로나 힘들어한다. 이러한 육체적, 정신적 소진은 엄마의 불안을 더 부추기는 요소다.

언제부터인가 우리나라의 문화에서 잘 발달된 것 중의 하나가 사교육이다. 이 사교육의 뿌리도 바로 엄마의 불안에서 비롯된 것이다. 이 심리를 이용하여 학원은 너나없이 프랜차이즈화하여 '하나라도 더 배워야 한다'고 부추긴다. 말하자면 엄마의 불안을 사교육의 마케팅 수단으로 활용하는 것이다.

엄마의 불안이 사교육의 마케팅 수단으로 활용되는 것은 정말 충격적이다.

나 또한 거기에서 자유로울 수는 없었다. 불안과 욕망이 뒤섞인 마음으로 아이를 닦달하고 그것이 아이를 위한 것이라고 위안을 삼았다. 아이의 하고자 하는 의욕보다 앞선 모든 것은 결국 오래가지 못한다는 것을 겪어본 엄마는 다 안다.

반면 진정한 자아를 찾는 과정에서의 불안은 엄마를 성장하게 한다. 불안한 마음은 공부라는 끈을 찾게 하고, 무엇인가 추구하게 만들어 공부를 통해서 하나씩 자신이 해야 할 일의 연결점을 찾게 된다. 차근차근 나아가다 보면 점이 모여 선이 되듯 자신을 브랜딩할 전문적인 단계에 이른다.

물론 전문가로 브랜딩할 시기가 말처럼 뚝딱 이루어지는 것은 아니다. 무엇이든 꾸준함을 이길 재간이 없듯이 아이가 커가는 동안 각각의 위치에서 전략적인 계획과 공부가 뒤따라야 한다.

여기서 한번 생각해보자. 당신은 당신만의 '나다움'을 표출할 수 있는 무기나 특별한 재능을 가졌는지 말이다.

하워드 가드너(Howard Gardner)의 다중 지능 이론에 따르면 누구나 한 가지 이상의 재능은 타고난다. '나는 정말 잘하는 것이 없는데'라고 생각한다면 없는 것이 아니라 발견하지 못했을 뿐이다.

자신의 특별한 그 무엇을 찾고, 자신만의 색깔을 만들어내려고 설계하는 과정이 공부다. 그것이 그림이든, 뜨개질이든, 아니면 요리나 사회복지 관련 공부든 말이다.

그렇다고 해서 가정의 모든 것을 팽개치고 자신의 성취나 성공만을 추구하라는 말이 아니다. 가정의 행복이 깨진 성취나 성공은 진정한 성공이 아니기 때문이다. 가정의 행복과 자신의 꿈이 균형 잡힌 인생 설계야말로 엄마가 고민해야 할 숙제다. 가정과 일에 모두 성공하는 여자가 적고 또 그런 엄마가 존경받는 이유도 그만큼 쉽지 않은 연유다.

나를 찾고자 고민하는 엄마의 불안은 당신의 남은 인생을 뒤바꿀 최고의 영양제다. 그러니 공부로 남은 인생 2막을 디자인하고, 매일 조금씩 1센티미터라도 앞으로 나아가라. 당신의 잠재의식 속에서 '할 수 있다'고 다독이며 일생에 한번쯤은 공부하는 독종이 되어 보자.

평범하면 진다

평범한 삶이란 무엇을 말할까? '평범'이란 말을 국어사전에서 찾아보면 '뛰어나거나 색다른 점이 없이 보통이다'라고 설명되어 있다. 평범한 삶은 '튀지 않는 삶'이라고도 할 수 있다. 긍정적으로 해석하면 아무 탈 없이 무난하게 산다는 것으로 풀이할 수 있다. 하지만 부정적으로 해석하면 어제보다 더 나은 삶이 아닌 성장하지 않은 삶이라는 뜻이다.

우리는 정말 아무 탈 없이 살아가는 평범한 삶을 원할까? 어제와 다름없이 먹고 자고 사랑하는 그런 삶이 바람직한 인생일까? 인생은 어차피 한 편의 드라마처럼 희로애락이 펼쳐지는 법이다. 우리가 평범한 삶을 원한다고 해서 언제나 그런 삶이 펼쳐지는 것은 아니다.

평범한 삶, 즉 안전한 삶은 앞으로 무슨 일이 일어날지 미리 알고 있으며 위험, 변화, 도전이 없는 삶을 의미한다.

여기에서 안전이란 물질적이나 외면적으로 볼 때 우리를 지켜주는 보루라고 할 수 있지만 누구도 장담할 수 없다.

가톨릭 신부이자 시인인 제임스 카바노(James Kavanaugh)는 〈언젠가는(*Some Day*)〉이라는 시에서 '안전'을 이렇게 표현했다.

언젠가는 떠나련다
자유로워지련다
무미건조한 것들을 떠나
안전한 밋밋함을 떠나
연락처도 남기지 않으련다
황량한 광야를 가로질러
그곳에 세상을 떨구기 위해
아무런 근심 없이 떠돌련다
한가한 지도책처럼

카바노의 표현처럼 자유로워지기 위해 언제든지 떠날 수 있는 엄마는 과연 얼마나 있을까? 무미건조하고 밋밋한 일상으로부터 연락처도 남기지 않고 아무런 근심 없이 떠날 수 있는 엄마는 드라마에나 있을 법한 사람이다. 그만큼 안전한 삶은 오히려 우리를 속박할 뿐이다.

어떤 일이 일어나도 해낼 수 있다는 내면의 자신감이 있다면 그것이야말로 진정한 안전이라고 할 수 있다. 결국 믿을 수 있는 것은 자신뿐이다. 내적인 믿음만 있다면 물질적인 것은 혹여 있다가 없어져도 무방한 일종의 부속품이 아니겠는가? 안전 불감증에 걸려 막연한 낙관주의자로 산다면 '믿는 도끼에 발등 찍힌다'는 속담처럼 미리 미래를 준비하지 않은 날을 후회할지 모른다. 물론 우리 마음과 같이 모든 것이 순조롭기만 하면 다행이지만 말이다.

친구의 이야기 하나. 고등학교 동창인 친구는 결혼할 남자가 꿈의 직장이라 불리는 은행원이라 모든 사람의 부러움을 한 몸에 받으며 결혼했다. 곧바로 아이를 낳고 전업주부로 육아에 전념했다. 좋다는 유치원과 학원 등을 찾아다니며 외아들을 키우는 재미도 쏠쏠했다. 모든 삶의 스케줄을 아이에 맞추다 보니 자신을 위해서는 따로 시간을 내기가 어려웠다. 은행원인 남편의 월급이 아주 만족스럽지는 못해도 그다지 부족함을 느끼지 못하고 살았다.

하지만 어느 날, 회사에서 급한 전화가 왔다. 남편이 근무 중에 갑자기 뇌졸중으로 쓰러진 것이다. 40대 중반의 나이에 찾아온 불청객은 그 엄마의 삶을 송두리째 바꾸어놓았다. 이제 중학교에 다니는 아들을 남겨놓고 특별한 자격증 하나 없던 엄마는 할 수 있는 일이 별로 없었다. 보험업이나 화장품 외판원 등을 해보아도 자신의 성격과 맞지 않아 기껏 한두 달 만에 그만두었다. 그래서 종일 서서 근무하는 단순한 업무뿐인 전자회사에서 박봉을 받으며 일할 수밖에 없었다. 그녀는 친구에게 이렇게 말했다.

"언제까지나 나에게 평안한 삶이 계속되리라고 생각했던 것 같아. 그동안 자격증 하나 따놓지 못한 것이 정말 후회된다. 아이 뒷바라지에 모든 것을 쏟고 정작 나를 위해서는 아무것도 준비한 것이 없더라고. 정말 생각만 달리했더라도 지금처럼 뭘 할지 답답하고 한숨만 쉬는 상황은 막을 수 있었을 텐데……."

단지 공부하는 것이 살기 위한 목적일 뿐이었음에도 공부를 통해 인생이 바뀌는 경우가 너무 많다.

여기 아프리카 보츠와나 직업학교 교장을 지내고 미국 콜롬비아 대학교에서 국제 사회복지사 석사 자격을 딴 작은 거인 김해영이 있다. 그녀는 키가 134센티미터밖에 안 되지만 그의 행적은 많은 사람의 귀감이 되고 있다.

김해영은 매우 가난한 집에서 태어났는데 술에 취한 아버지가 첫 딸이라는 이유로 아기인 그녀를 발로 걷어차서 키가 잘 자라지 않는 난쟁이가 되었다. 그 충격으로 아버지는 자살을 하고 어머니는 실성을 했다.

맏이인 그녀는 다섯 남매를 위해 식모살이를 하다가 우연한 기회에 편물(編物)을 배웠다. 그러다 아프리카에 편물 기술자가 필요하다는 광고를 보고 지원하여 아프리카에서 현지인들에게 편물을 가르쳐 주었다. 이를 계기로 지금은 한국과 아프리카의 장애인을 위한 복지 사업을 활발하게 하고 있다. 단지 편물 기술을 배운 것이 김해영이라는 한 사람의 인생을 바꾼 것이다.

워킹맘이든 전업주부든 배움의 기회를 찾고 노력하는 엄마가 자신의 꿈을 이루고 보람찬 미래를 맞이할 수 있다. 아이와 육아에 지치고 쉴 틈 없이 생활하다 아이가 어린이집이나 유치원에 갈 때쯤 되면 무언가가 손에 잡힐 만한 시간적 여유가 생긴다. 이때 진짜 하고 싶은 일이 무엇인지 고민해보자. 자신이 살아온 경험, 칭찬받았던 일, 가슴 떨렸던 일, 재미있었던 모든 것들을 생각하다 보면 엄마의 숨겨진 재능, 보석 같은 장점을 발견할 수 있다. 그렇게 되면 엄마는 말할 수 없는 자신감이 생긴다.

벤자민 바버(Bnejamin R. Barber)는 "나는 세상을 강자와 약자, 성공과 실패로 나누지 않는다. 나는 세상을 배우는 자와 배우지 않는 자로 나눈다"라고 말했다. 단언컨대 배우는 엄마와 배우지 않는 엄마의 인생은 처음에는 차이가 없지만 중년 이후에 확연한 차이가 벌어지는 것을 많이 보아왔다.

배우지 않는 자는 평범한 인생을 살지만 배우는 자는 비범한 인생을 살 수 있다. 배운다는 것이 꼭 학원에 등록을 하고 자격증을 따는 것만은 아니다. 하다못해 음식을 해도 단지 먹기 위한 조리가 아니라 어떻게 하면 더 맛있는 음식을 할 수 있을지 연구하는 자세로 한다면 그것이 배우는 것이다.

실제로 요즘 자신이 주방에서 연구한 음식에 대한 노하우를 블로그에 올리거나 책을 써낸 이들이 얼마나 많은가?

얼마 전 TV에 한 편의 시가 소개된 적이 있다.

〈내 기분〉

옆집 할망구가

가방 들고 학교 간다고 놀린다.

지는 이름도 못 쓰면서.

나는 이름도 쓸 줄 알고,

버스도 안 물어보고 탄다.

"이 기분 니는 모르제?"

이 시의 주인공은 국가평생교육진흥원이 전국의 성인 문해(文解) 학습자를 대상으로 한 시화 작품전에 응모해 장려상을 받은 강달막 할머니다.

올해 85살인 강 할머니는 팔순이 넘어서까지 한글을 모르고 사셨다. 그러다가 성인 문해 교실에 다니면서 한글을 깨우쳤다.

"이 기분 니는 모르제?"라고 말한 할머니는 이미 평범함에서 비범함을 찾은 사람이다. 글을 깨우치는 것만으로도 할머니는 못 배운 설움과 편견을 깬 것이니까.

이 땅의 대한민국 엄마에게 말해주고 싶다.

"당신은 이미 비범한 사람이다. 단지 길을 잃어버렸을 뿐이다. 이제 비범한 사람으로 거듭나라. 당신이 꿈을 찾고 배움의 길에 들어섰다면 비범한 사람이 가는 말에 올라탄 것이다."

Part 2

먹고 사랑하고 꿈꾸라

인생은
속도가 아니라 방향이다

"우리는 그저 살려고 태어난 것이 아니다. 의미 있는 인생을 만들려고 태어난 것이다."

미국 작가 헬리스 브리지스(Helice Bridges)의 말이다. 그렇다면 의미 있는 인생은 어떤 인생일까?

의미 있는 인생이란 그저 사는 인생이 아니라 삶의 목표가 있는 인생이다. "나는 지금 무엇을 하고 싶은가?" "내가 왜 이런 일을 하고 있는가?" "나는 어디로 가고 있는가?"라는 질문을 하는 인생이다.

그런데 엄마들은 아이의 인생에 대해서는 온갖 방법을 연구하면서 자신의 인생은 뒷전인 경우가 많다. 자신의 원석은 다듬다 말고 골방에 가두어놓은 채 아이의 인생에 감 놔라 배 놔라 하는 격이다. 나는 이런 엄마에게 지금 누구의 인생을 사는지 물어보고 싶다.

내가 전에 부장으로 모셨던 선생님의 얘기다. 아이가 공부를 뛰어나게 잘해 의대를 진학하여 의사가 되었다. 아들을 홀로 어렵게 키운 만큼 아들에 대한 사랑과 기대도 무척 컸다.

아들이 결혼을 할 땐 며느리 될 여자가 너무 착하고 예뻐서 마음에 든다고 무척 기뻐했다. 그런데 결혼하자마자 며느리의 얼굴빛이 달라지더란다.

방학 때 손주가 보고 싶어 아들 집에 가도 이틀을 머물지 못했다. 하루가 지나면 "언제 가실 거예요?"라고 대놓고 묻는 바람에 아들 집이라도 마음이 편치 않아 금세 내려온다고 했다. '품 안의 자식'이라고 혀를 내두르셨다. 의사 아들을 만들려고 온갖 희생과 물질을 쏟아부어도 결국엔 며느리만 좋은 일 시켰다면서 말이다.

모든 자녀가 자신을 키워준 부모에게 서운하게 하는 것은 아니지만 시대가 변한 것만은 틀림없는 것 같다. 나는 아직 자녀를 출가시키지는 못했지만 요즘 며느리는 시어머니에게 할 말을 똑똑하게 한다. 예전에는 시어머니 시집살이였다면 지금은 며느리 시집살이라는 말이 나올 만도 하다.

사실 아들을 훌륭하게 잘 키운 것만으로도 무척 감사한 일이다.

스스로 자신의 인생을 개척하고 살아가는 것을 대견하게 생각해야 하지 않을까? 그것은 엄마로서 최선을 다한 결과였으니까 말이다.

'생각대로 살지 않으면 사는 대로 생각하게 된다'라는 말이 있다. 설정한 방향대로 내 인생을 잘 살고 있는지 점검해보자.

자식도 자신의 길을 걸어가듯이 엄마도 시시때때로 방향을 가늠하고 자신의 생각대로 사는 인생이 되도록 노력해야 한다.

목적지를 무시하고 무작정 뛰는 일보다 위험한 것은 없다. 자식이 인생의 목표가 되면 흔들리기 쉽지만 엄마 자신이 내면에 설정한 좌표를 따라간다면 안전하다. 아무도 흔들 수 없고 다른 사람의 눈치를 볼 필요도 없다.

나는 가끔 '내가 이기적인 엄마인가?'라는 마음이 살짝 들 만큼 자신을 위한 공부를 게을리하지 않았다. 하지만 아이들이 엄마의 도움이 필요하여 손을 내밀 때는 기꺼이 최선을 다해 도와주었다. 그래서 '너는 너의 인생을 가고, 나는 나의 인생을 간다'라는 생각은 지금도 변함이 없다.

내 아버지는 어렵사리 마련한 자식의 고등학교 등록금을 도박으로 날리셨다. 그만큼 아버지는 자식의 인생을 돌아보는 분이 아니셨다. 자식을 사랑하지 않아서가 아니라 도박에 정신을 빼앗겨 자식이 눈에 보이지 않았던 것이다.

그래서 어머니 홀로 고생해서 나는 힘들게 대학교를 마칠 수 있었다. 그 고마움은 말로 표현할 수 없이 크다.

자신의 모든 것을 바쳐서 자식을 키웠기 때문에 여든이 넘은 어머니는 지금도 고생한 대가를 바라신다. 용돈이 한 달만 밀려도 "지난 달 안 보냈던데?" 하시며 전화가 온다. 매달 용돈을 드려도 꼭 곗돈을 붓는 것 같다. 어느덧 고마워서 드리는 용돈이 아니라 고생하신 대가를 지불하는 것 같아 씁쓸할 때가 있다.

부모와 자식 사이라도 과잉보호나 과잉 헌신은 좋은 모습이 아니다. 부모로서 최선을 다해 자녀를 돌보고 가르쳤다면 보상을 받으려고 해선 안 된다. 좀 더 냉정하게 말하면 아이에게 쏟는 열정과 시간을 엄마 자신의 인생으로 돌리라는 것이다. 자식이라는 한 방향만 바라보지 마라. 아무리 자식이 사랑스럽다고하더라도 엄마 자신의 몫까지 쏟아붓지 마라. 엄마가 자신의 인생을 사랑하는 모습을 보이면 아이도 자신의 인생을 사랑하게 된다.

정신분석 전문의 한성희는 《딸에게 보내는 심리학 편지》에서 이렇게 말했다.

"안전한 길은 편안함과 안정감을 준다. 그러나 어느 순간 그 길에 길들여지면 새로운 도전을 해야겠다는 생각을 더 이상 하지 않게 된다. 다만 안전한 길에서 벗어나지 않는 데에만 신경을 쓰게 될 뿐이다. 그래서 안전한 길은 무섭다. 삶은 새로운 도전을 하고 그 과정에서 미처 몰랐던 나를 발견하며 성장해나가는 것인데, 그럴 필요를 못 느끼게 만들기 때문이다."

어른이 되어 독립을 앞둔 딸에게 보낸 이 편지는 우리 모든 엄마에게도 도움이 된다. 자식만 바라보는 엄마는 새로운 도전을 주저하고 자신의 성장을 꿈꾸지 못하게 한다. 자신의 인생은 더 이상 희망이 없다고 단정하고 자식에게 대신 부모가 못다 이룬 꿈을 이루기를 강요하기도 한다.

엄마의 삶 앞에 포도송이 같은 자식이 달려 있다 해도 엄마의 인생을 미뤄놓아서는 안 된다. 엄마의 인생을 돌보지 않고 자식에게 모든 것을 쏟아부은 엄마라면 한 번쯤 눈치 보지 말고 자신을 위해 살아보는 시간이 반드시 필요하다. 그래야 후회 없는 인생을 살 수 있다. 인생의 끝에서 후회한들 너무 늦다.

버지니아 울프가 말한 '자기만의 방'에서 혼자만의 시간을 가져보자. 속도를 조절하고 방향을 리셋하면 새로운 인생이 펼쳐지리라.

인생의 주인공은 '아이'가 아니라 '나'!

희생적인 엄마는 자신의 생명보다 더 아이를 사랑한다고 확신한다. 아이를 위해서라면 어떤 어려움도 견딜 수 있다고 생각한다. 아이가 힘들 때 대신해주고 아이가 진 무거운 짐도 대신 져줄 수 있다고 말한다. 그렇게 아이를 사랑하는 엄마는 아이의 단점을 보면 못 견뎌하고 야단을 친다. 내가 온몸을 바쳐 사랑하는 아이의 부족한 점을 인정하지 못한다.

아이의 부족한 점을 인정하지 못하는 엄마의 내면에는 열등감이 존재한다. 자신의 부족한 점을 아이를 통해 대신 보상받으려는 심리가 있기 때문이다. 그래서 아이가 100점을 받으면 자신이 100점을 받은 것처럼 기뻐하고 아이가 빵점을 받으면 마치 자신의 자존심이 무너진 것처럼 화를 낸다.

많은 엄마가 아이를 자신의 소유물로 생각한다. 그들은 아이가 자신이 의도한 대로 말하고 따라줄 때 제대로 행동하고 있다고 느낀다. 만약 아이가 엄마의 기대와 다르면 인정과 사랑을 거두고 비난을 한다. 그렇게 되면 아이는 엄마의 사랑에 대해 혼란스러워하고 부정적인 감정을 경험한다.

이렇게 엄마가 아이를 사랑한다고 말하는데 아이는 엄마가 자신을 사랑하지 않는다고 느끼는 이유가 두 가지 있다.

첫째, 엄마가 엄마 스스로를 사랑하지 않기 때문이다. 자기 사랑은 스스로를 사랑하는 일이다. 그것은 다른 사람의 인정이나 사랑을 반드시 필요로 하지 않는다. 자기 인정만으로 충분하다. 자신을 사랑하지 않는 엄마는 내면의 사랑이 충분하지 않기 때문에 아이를 통해서 사랑을 확인하려고 한다. 하지만 아이 또한 엄마의 사랑을 만족시킬 수 없는 연약한 존재일 뿐이다.

둘째, 엄마가 아이를 통해 자신의 기대를 충족시키려는 생각 때문이다. 아이를 있는 그대로 바라보지 못하고 높은 기대치를 가지고 대하기 때문에 아이는 스트레스를 받고, 어른의 눈높이에서 아이를 바라보기 때문에 엄마는 만족하지 못한다. "너를 위해서야" "너를 사랑하니까 잘하라고 잔소리를 하는 거야"라고 말하지만 사실은 아이를 통해 엄마의 욕구를 채우려는 잘못된 동기 때문이다.

하루빨리 아이를 놓아주라. 엄마의 인생에서 한 걸음 떼어놓으라. 아이가 아무리 사랑스러워도 엄마의 인생을 대신할 수 없고 아이 또한 엄마의 인생을 대신할 수 없다.

아이는 부모의 부속품이 아니다. 아이는 자력으로 세상을 살아가는 하나의 독립된 인생의 주체다.

고향 후배인 윤진이 엄마는 남들보다 늦게 결혼했다. 다른 친구들이 아이를 둘 낳아 중학교 입학할 즈음 윤진이를 낳았다.

윤진이 엄마는 늦게 결혼한 만큼 다른 친구보다 아이를 보란 듯이 멋지게 잘 키우고 싶었다. 윤진이도 다른 아이들과 같이 건강하게 잘 자랐다. 부모의 귀여움 을 독차지하다 보니 성격도 원만하고 적극적이어서 친구 관계도 좋았다. 영어 회화나 노래 실력도 좋았고 학급 임원도 독차지하다시피 했다. 윤진이가 6학년이 되자 엄마는 "집 근처 외국어 고등학교에 가려면 이 성적으론 어림도 없다"라며 닦달하기 시작했다. 그러자 윤진이는 점점 반항하고 친구들과 어울려 다니며 빗나가기 시작했다.

"나한테 기대하지 말란 말이야. 나는 내가 하고 싶은 대로 하며 살 거야."

초등학교 때 상위권을 맴돌던 윤진이의 성적은 중학교에 들어서자 곤두박질쳤다. 그러자 윤진이 엄마는 그 상황을 못 견디고 성화가 더 심해졌다. 집에 오면 큰 소리로 야단을 치니 아이는 점점 집에 늦게 들어오고 엄마와 아이 사이는 얼굴만 마주치면 싸우는 사이가 되었다.

다음은 소아정신과 교수 신의진이 쓴《나는 아이보다 나를 더 사랑한다》의 '혹시 당신도 자기희생이라는 함정에 빠져 있는가?'라는 글의 일부다.

> 아이를 위해 희생한다고 생각하는 부모들은 아이를 소유물로 여기기 쉽다. 그래서 아이가 자신이 원하는 대로 크지 않는 것을 용납하지 못한다. 자신이 희생하는 만큼 아이는 반드시 자신이 이루지 못한 꿈을 이루어야 한다. 아이가 기대만큼 따라오지 못하면 아이를 닦달하며, 공부든 뭐든 남보다 못한다는 말을 들으면 자기 인생이 망가진 것처럼 부끄러워한다. 또 아이가 조금만 실수해도 불같이 야단을 치고, 남들 앞에서 예의 없는 행동을 하면 펄펄 뛴다. '아이니까 그럴 수 있지'라는 생각보다 '우리 아이가 어떻게 이럴 수 있나?'라는 생각을 먼저 하는 것이다.

엄마는 물론 엄마의 욕심과 감정에 휘둘리는 아이 또한 행복할 리 만무하다. 부모는 아이가 자신의 인생을 주도적으로 잘살 수 있도록 돕고 밀어주는 존재다.

우리가 잘 아는 헤밍웨이는《누구를 위하여 종은 울리나》《노인과 바다》등 유명한 소설을 쓴 20세기 최고의 작가다.

1954년 노벨 문학상을 받은 그의 종말은 끔찍했다. 엽총을 입에 물고 방아쇠를 당긴 것이다. 그가 이런 비극적인 종말을 맞이한 이유는 편집증이 있던 어머니의 영향이 컸다고 알려져 있다. 그의 어머니는 "모두들 엄마의 기대에 부응하도록 해!"라며 아이들을 닦달하고 엄격하게 계획표대로 실행할 것을 강요했다.

잘 알려진 것처럼 그는 결혼을 네 번이나 했는데, 사춘기를 겪고 결혼을 하면서도 헤밍웨이는 어머니와 늘 사이가 좋지 못했다. 어머니를 미워했던 그는 부인이 자신을 간섭하면 이혼도 서슴지 않았다. 너무 강한 어머니의 성격이 오히려 자식에게는 콤플렉스로 작용했다.

어머니의 영향이 긍정적으로 작용한다면 좋겠지만 늘 그런 것은 아니다. '집에 완벽주의 엄마가 있으면 재앙'이라는 말도 있듯이 엄마의 부정적인 영향도 무척 크다고 할 수 있다. 따라서 엄마가 인생의 주인공으로 살지 못하고 자식에게 끌려가는 삶은 결코 바람직한 현상이 아니다.

내면에서 들려오는 마음의 북소리는 무엇인가? 인생의 모퉁이에서 당신이 다독이고 갈 꿈은 무엇인가? 주위에 아무도 없어도 내가 짊어지고 갈 꿈 하나로 행복한 보증수표는 진정 무엇인지, 그리고 엄마 자신 앞에 놓인 길고 긴 시간을 어떻게 조각하며 살아야 할 것인지 숙고해야 할 시간이다.

진정으로 엄마가 원하는 인생은 무엇일까?

엄마라는 스펙으로 도전하라

미국의 유명한 앵커 오프라 윈프리는 이런 말을 한 적이 있다.

"이 세상에서 부모라는 직업보다 더 중요한 직업은 없다."

그 어떤 직업보다 부모라는 직업이 얼마나 소중한 것인지 나도 늦게 깨달았다. 결혼하면 당연히 누구나 엄마가 되고 학력이나 자격도 필요 없기에 만만한 직업인 줄 알았다. 하지만 엄마가 된 사람은 누구나 다 안다. 엄마의 역할이 얼마나 고되고 힘든지.

여자라면 대개 일생에서 비슷한 경험을 한다. 결혼, 출산, 육아, 가사 같은 일들 말이다. 이렇게 비슷한 경험도 어떤 태도, 어떤 마음가짐으로 하느냐에 따라 아주 다른 경험이 된다. 어떤 엄마는 육아를 놀이처럼 즐기고, 어떤 엄마는 군대식 육아를 한다. 아이를 위해 직장을 포기하는 엄마도 있고 조부모에게 육아를 맡긴 채 출산휴가가 끝나자마자 직장으로 달려가는 엄마도 있다. 그런데 '자아실현'에 대한 기대가 큰 엄마일수록 가사와 육아만으로 만족하지 못한다. 자신의 뜻과 다르게 가사에 매이면 괜히 짜증이 늘고 그 짜증은 아이한테로 전달된다.

유치원에 다니는 아이들을 위해 회사에 휴직계를 낸 은서 엄마는 요즘 우울하다. 퇴근 시간이 일정하지 않아 고민하다가 잠시 쉬고 있는 상태이지만 섣불리 아이를 떼어놓고 다시 일을 시작하기가 쉽지 않다.

얼마 전, 이혼한 후 6살 아이를 떼어놓고 자신의 꿈을 찾아간 엄마의 이야기 《흔들려도 멈추지 마라》라는 책을 읽었다. 콘래드 서울 호텔 상무인 박경숙은 서른둘의 나이에 스위스 글리옹 호텔스쿨에 입학하여 2년간 공부했다. 서른다섯에 그랜드 하얏트 호텔의 계약직 오더테이커로 입사하면서 마침내 호텔리어라는 새로운 인생을 시작했다. 오더테이커는 객실에 투숙한 고객이 필요로 하는 물품이나 서비스를 전화로 요청하는 경우 해당 부서나 담당자에게 조치를 취하도록 연결하는 업무를 수행하는 직책이다.

미친 것 아니냐며 반대하는 부모님과 주위의 따가운 시선, 그리고 울고불고 매달리는 6살 딸을 뒤로하고 그녀는 일생일대의 결정을 내렸다. 이유는 다름 아닌 나의 생을 '제대로' 살아, 아이에게 부끄럽지 않은 엄마가 되기 위해서였다. 그녀의 가슴을 뛰게 하는 일, 돈을 벌기 위한 직업만이 아니라 진정으로 삶을 빛나게 해줄 수 있는 사명, 그것을 가져다준 새로운 꿈은 바로 호텔리어였다. 그것은 온전한 그녀의 선택이었고, 그 도전을 위해 저자 자신의 나이도, 처지도 아랑곳하지 않고 전진했다.

"지금 바로 거울 앞에 서서 그 거울 속에 있는 자신의 모습을 똑바로 쳐다보세요. 거울 속에서 보이는 자신의 존재 가치가 얼마나 크고 값진지를 깨닫고, 매 순간 그것을 되새기세요. 어디에 서 있든 스스로 선택한 길이 얼마나 소중한 길인지, 그 길을 자기만의 빛깔로 채워가려는 노력이 얼마나 아름답고 의미 있는지 잊지 마세요."

그의 말처럼 어느 길을 가든 어디에 서 있든 자신의 존재 가치를 알고 자신만의 빛깔로 채워가는 엄마의 인생이야말로 제2의 커리어 인생이다. 아이를 낳아 기르고 아이만 바라보면서 사는 '아이 바라기'가 아니라 엄마의 꿈을 발견하고 꿈을 향해 도전하는 엄마가 되어야 한다. 아이를 위해 엄마가 희생하고 꿈을 포기하는 것이 아니라 아이도 아이의 꿈을 향해 가고, 엄마도 엄마의 꿈을 향해 나아가야 한다.

수원대학교 우경진 교수는 《스마트맘》에서 딸이 초등학교 저학년

때부터 7시 이전에 출근하는 부모 대신 혼자서 문을 잠그고 학교에 다녔다고 한다. 엄마가 교수로 일한 이후부터는 매일 혼자 일어나서 아침을 차려먹었고, 때로는 스스로 도시락을 싸 가기도 했다.

'준비는 엄마가 미리 해둘 테니까 아침에 일찍 일어나서 학교에 가는 건 혼자 알아서 하기.'

엄마와 한 약속대로 딸은 잘 따라주었고, 그때부터 딸은 부모의 도움 없이도 혼자서 모든 일을 알아서 처리하는 생활 습관이 몸에 배었다. 아들도 마찬가지여서 습관이 된 후로는 엄마가 밥상을 차리려고 하면 아이들은 신경 쓰여서 더 늦는다며 방에 들어가라고 할 정도라고 한다. 그녀는 이렇게 말한다.

"때로는 엄마로서 아이들에게 최선을 다하지 못한 것은 아닌지 자책도 하지만, 잘 자라준 아이들을 볼 때마다 내 결정이 꼭 틀린 것만은 아니라는 생각이 든다. 만약 내가 아이들 교육에만 매달려 내 몫의 인생을 포기하고 살았더라면, 과연 아이들의 자립심을 이만큼 키울 수 있었을까?"

엄마의 인생을 찾아가기 위한 과정에서 힘든 점은 나와 가족, 일과 가정, 자아와 주변인 사이에서 오는 수많은 갈등에서 균형을 맞추는 것이다. 그리고 그 속에서 균형을 잃지 않고 엄마의 꿈을 찾아가는 일은 때로 힘들고 고통스럽기도 하다.

하지만 시대가 바뀌고, 세상이 변했다. 무언가를 얻기 위해 또 다른 무언가를 포기하는 시대는 지났다. 엄마의 꿈을 찾아가는 것은 아이나 남편의 꿈을 저버리는 일이 아니다. 서로의 성장 잠재력을 다독이며 각자 자신의 꿈을 키워가는 것이다.

세상에서 변하지 않는 진리는 '변하지 않는 것은 아무것도 없다'는 것이다. 엄마 손이 필요한 아이도 언젠가는 엄마 손이 필요 없을 때가 오는 법이다. 그런데 아이들은 계속 엄마가 손을 내밀면 자신의 손을 사용하지 않는다. 엄마 손이 올 때까지 기다린다. 아이에게 지나친 애정을 쏟으면 자립심이 약한 사람으로 자란다.

이미 잘 알고 있겠지만, 여자는 '멀티플레이'를 할 수 있다면 자신이 바라는 것을 이룰 수 있다. 아이도 잘 키우고 일도 잘하는 엄마, 가정과 일에 모두 성공하는 엄마를 이 시대는 원한다.

일과 가정의 균형을 유지하고 엄마의 꿈을 다독이며 가는 게 쉬운 일이 아닌 것은 분명하다. 하지만 많은 엄마들이 가사나 육아에 만족하지 않고 공부하거나 꿈을 찾아가고 있다. 평생교육원에 가면 취미생활이나 자격증 과정에 등록하는 엄마들이 넘쳐난다.

엄마만이 할 수 있는 일, 여자니까 할 수 있는 공부가 많이 있다. 엄마라는 스펙을 가지고 공부하고 도전하는 엄마는 행복하다.

정체되는 것은 밀리는 것이다

인터넷과 이메일이라는 통신수단이 보편화되면서 우리의 삶은 획기적으로 변했다. 그러다 지금은 스마트폰의 다양한 쓰임새를 이해하지 못해서 답답할 때도 많다.

나는 가끔 기차를 탈 때 미리 스마트폰으로 예약하고 표를 끊는다. 기차 시간표와 좌석 번호는 와이파이가 켜져야 확인할 수 있다. 가끔 와이파이가 켜지지 않는 곳에서 기차 시간표와 좌석 번호를 확인할 때면 무료 와이파이 대신 유료 데이터를 써야 해서 안타까울 때가 종종 있었다. 그런데 스마트폰에 '스크린샷'이라는 기능이 있어 화면을 통째로 찍어 저장해놓으면 그런 불편함에서 벗어날 수 있다는 것을 딸이 어제 알려주었다.

나는 '모르는 게 약이다'라는 말을 별로 좋아하지 않는다. 물론 모르는 것이 더 마음 편한 일이 있겠지만, 그렇다고 무조건 모른다고 덮어놓는 것이 능사가 아니다.

"엄마! 그것도 몰라?"

아이에게 이런 말을 들으면 기분이 '팍' 상한다. 그렇게 쉬운 것도 모르느냐는 뜻으로 들려서다. 아마 아이가 볼 때는 너무 쉬운 것인데 엄마인 내가 모르는 것이 이해가 되지 않아서일 거라고 믿는다.

어쨌거나 나는 컴퓨터를 통해 아이와의 격세지감을 가장 많이 느꼈다. '하필 이 시대에 복잡한 컴퓨터가 생겨서 이런 생고생을 한담.' 이런 불평을 하면서도 나는 노력 끝에 이메일을 만들어 인터넷으로 편지도 주고받고 공인인증서로 은행 일을 편리하게 볼 수 있게 되었다.

배움에는 때가 없다. 창조성을 발휘할 수 있는 '일'을 놓지 않으려면 무슨 일이든 배워야 한다. 사람들은 배움을 통해 자신의 잠재력을 실현하고 의미 있는 존재가 되려고 한다. 엄마가 의미 있는 존재로 살면 행복해진다.

얼마 전 KBS 다큐멘터리 〈공부하는 인간〉을 보았다. 미국의 어느 노부부는 매일 아침 어려운 수학 문제를 풀며 하루를 시작한다. 89세의 남편 켄 모 씨와 86세의 아내 밀드레드 모 씨는 대학 때 과학을 전공한 과학도였다. 그들은 젊어서도 풀기 어려운 문제를 하나씩 풀면서 서로 토론하고 의견을 나누었다. 게다가 아내는 최근 불어 공부도 시작했다. 불어에 능통한 남편을 선생님으로 하나씩 배워가는 모습이 영락없이 소녀였다.

아내 밀드레드는 그 나이에 왜 공부하느냐는 질문에 이렇게 답했다.

"세상일을 지켜보는 게 너무도 흥미롭습니다. 과거로부터 배우고 적극적으로 삶을 살아갈 때 세상의 일부가 될 수 있어요. 그렇게 세상과 관계를 맺을 때 우리는 더 이상 '은퇴'한 것이 아니죠."

이들에게 공부란 살아 있다는 증거고 성장한다는 의미다. 그래서 사람들은 평생 공부한다.

이와 관련된 유명한 소크라테스의 일화가 있다. 사형을 선고받은 소크라테스는 독약이 준비되고 있는 동안 피리로 음악 한 소절을 불고 있었다. 누군가 소크라테스에게 물었다.

"대체 지금 그게 무슨 소용이오?"

"그래도 죽기 전에 음악 한 소절을 배우지 않았는가?"

미국의 노부부나 소크라테스처럼 죽는 그 순간까지 배움을 놓지 않는 사람은 늙지 않는다. 영화 〈로마 위드 러브〉에서 우디 앨런이 말한 것처럼 '은퇴하는 순간이 곧 내가 죽는 날'임을 기억한다면 살아 있는 모든 순간이 공부가 된다.

공부를 모두 책상머리에서 하는 것은 아니다. 사람과 부딪히면서 인간관계를 공부하고, 꽃과 나무에서 자연의 섭리를 배운다. 책을 통해서 선인들의 깊은 지혜를 배우고, 실패와 고독을 통해서 인생을 배운다. 이별을 통해서 그리움을 배우고, 만남을 통해서 사랑과 배려를 공부한다. 아이 양육을 통해서는 그야말로 인내심과 기다리는 법을 배운다.

아이넴 황인경 회장은 소설 《목민심서》의 작가로도 잘 알려져 있다. 그녀는 소설가를 꿈꾸지는 않았지만 두 아들에게 좀 더 나은 이야깃거리를 만들어주겠다는 일념 하나로 10년 가까이 《목민심서》를 집필했다.

《목민심서》는 유배 생활 18년 동안 500여 권의 책을 낸 정약용에 대한 역사소설이다. 사실을 돋보이게 하는 픽션을 위해 200여 권의 관련 자료를 수집해서 그 시대에 맞는 에피소드와 재미를 가미하려고 노력했단다.

황 회장은 부와 명예를 최고의 가치에 두지 않고 인간 내면의 '보이지 않는 가치'를 더 우선시한다. 기근에 시달리는 아프리카 인들과 열악한 환경에서 생활하는 다문화 가정을 앞장서서 돕고 있는 그녀는 더 좋은 세상과 더불어 끊임없이 공부하고 도전하는 엄마다.

그는 월간 잡지 〈퀸〉 2014년 9월호에서 《목민심서》를 집필하는 과정이 어떠했는지 밝혔다.

"아이들이 공부할 시간에 드라마를 보면서 노닥거리는 엄마가 되고 싶지 않았던 마음도 있었습니다. 저도 책상에 앉아 아이들과 함께 공부하면서 자연스럽게 면학 분위기를 조성했어요. 물론 저도 공부라기보다는 책상을 놓고 글을 쓰기 시작한 거였고, 두 아들이 대학교에 들어가기 전까지 글을 완성하겠다는 각오도 남달랐죠."

그가 지치지 않고 글을 마무리할 수 있었던 건 아이들과의 약속 때문이었다. 책이 나오거나 인정받는 건 둘째 문제였고, 우선 계획을 실천하는 엄마가 되고 싶었다고 말한다. 소설가 황인경은 올해 두 권의 역사소설과 실화를 바탕으로 하는, 한 베트남 난민을 구한 선장 이야기도 출간할 계획이다. 기업가이자 독지가로 지평을 넓혀가고 있는 그녀는 여전히 공부하고 성장하는 엄마다.

2014년 대한민국 여성의 평균 수명은 84세로, 1990년 이후로 매년 5개월씩 늘어나고 있다. 평균 100세 시대를 외치고 있는 지금, 장수가 재앙이 아니라 축복이 되려면 젊은 엄마의 배움을 향한 '한 걸음'이 중요하다.

너무 오래 새장에 갇힌 새는 문을 열어도 날아가지 않는다. 그것은 매일 같은 일을 반복하는 엄마가 익숙함이라는 얕은 물에 갇혀 수영하는 법을 잊어버린 채 사는 모습이 아닐까? 언젠가는 홀로서기가 필요한 엄마이고자 한다면 지금 잊어버린 수영법을 다시 익혀야 한다.

괜찮다. 다 괜찮다. 아직 엄마에게는 시간이 넉넉하게 남아 있다. 다시 머리끈을 질끈 묶고 가슴을 펴보자. 서른이든 마흔이든 당신이 아직 출발을 하지 못했다면 마음의 문제다. 당신의 에너지는 아직 당신 마음속에서 펄떡이는 물고기처럼 살아 있다.

십 대의 시간이 시속 십 킬로미터로 지나간다면, 삼십 대는 삼십 킬로미터, 오십 대는 오십 킬로미터로 지나간다. 오십 대인 나도 이제 그 속도를 실감한다. 그러니 당신의 삶이 지금 정체되어 있다고 여겨진다면 지금 시작하라. 먼 훗날 지금 시작하지 않은 것을 후회하지 않으려면 한 발이라도 일찍 내딛어야 한다.

내가 올해 꼭 해야 할 공부 목록을 작성해보자. 평생 이룰 버킷리스트도 적어보자. 아이 학원 스케줄은 아이에게 맡기고 내 인생 스케줄을 먼저 챙기자.

기억하라. 정체되는 것은 뒤로 밀리는 것이다. 당신이 행동하기에 가장 좋은 시점은 지금이다. 지금 당장이다.

책 읽는 엄마는 늙지 않는다

사이토 다카시(齋藤孝)의 저서 《내가 공부하는 이유》를 보면 중국 춘추시대 말년에 살았던 사광(師廣)이라는 유명한 악사 이야기가 나온다.

사광은 앞을 보지 못했지만, 실력이 뛰어나 그가 악기를 연주하면 새가 입에 물고 있던 모이를 떨어뜨릴 정도였다. 또한, 음악뿐만 아니라 정치, 군사, 외교 등 다양한 방면으로 지혜를 갖춘 인재였다. 진나라 왕 진평공(晋平公)은 이런 사광의 재주를 아껴서 가까이 두고 스승이자 친구처럼 대했다.

하루는 진평공이 사광과 이야기를 하던 중 이런 말을 했다.

"내 나이가 이제 일흔이 넘었으니, 배우고 싶어도 나이가 많아 너무 늦었구나."

이 말을 들은 사광이 답했다.

"날이 저물었으면 촛불을 켜면 되지 않겠습니까? 제가 듣건대 소년이 배우는 것은 해 뜰 때의 별빛과 같고, 장년에 배우는 것은 한낮의 햇빛과 같으며, 노년에 배움은 촛불의 밝음과 같다고 했습니다. 촛불이 밝은데 어둠이 어찌 함께하겠습니까?"

진평공의 말처럼 배우고 싶어도 나이가 많아 너무 늦었다고 생각하는 엄마가 많다.

사광의 말에 의하면 장년에 배우는 것은 한낮의 햇빛과 같으니 조금도 늦은 것이 아니다. 햇빛은 어둠을 밝혀줄 뿐만 아니라 따뜻한 희망을 안겨준다. 만약 책 속에서 새로운 사람과 세상을 만난다면 이보다 더 활력을 주는 것은 없을 것이다.

여행을 떠나 밋밋한 삶에 느낌표를 찍고 싶어도 가정이 있는 주부는 이마저 여의치 않다. 하지만 책을 통해 다른 나라를 이해하며 가보지 못한 곳을 갈 수 있다. 내가 미처 알지 못한 정보와 지식을 제공받고 따라서 더 성숙해진다. 단단한 의식을 깨고 더 확장된 의식을 가지게 된다. 책을 읽고 공부하는 것은 나이와 관련이 없다.

중국의 작가인 임어당(林語堂)의 말을 들어보면 우리가 왜 독서를 해야 하는지 그 이유가 분명해진다.

"평소에 독서를 하지 않는 사람은 시간적으로나 공간적으로나 자기 하나만의 세계에 감금되어 있다. 그러나 그러한 사람들이라도 손에 책을 들기만 하면 생각조차 하기 어려운 별천지에 있는 자신을 발견할 것이다."

나도 임어당의 말에 백 번 동의한다. 책 속에서 희망을 발견하고 꿈을 찾게 되니 이보다 더 살아 있는 보물 창고는 그 어디에도 없다.

사실 집안일 등 매일 반복되는 일을 해내기도 바쁜 와중에 책 읽을 시간 내기가 어렵다고 생각할 수 있다. 하지만 '자투리 시간'을 잘 활용하면 하루 10분이라도 꾸준히 책을 읽을 수 있다.

간호사로 근무하면서 자투리 시간을 활용하여 《하루 10분, 독서의 힘》을 펴낸 임원화 작가도 틈새 시간을 활용하여 책을 읽는다고 고백했다.

독서가 생활이고 생활이 독서인 사람은 책이 늘 가까이에 있다. 나도 독서가 밥을 먹는 것처럼 일상이 되었기 때문에 서재는 물론 주방이나 가방에 늘 책이 있다. 책을 가까이하는 것은 책 읽을 마음이 먼저 자리 잡았을 때 가능한 일이다. 늘 배우고자 하는 열정에 사로잡히면 새어나가는 시간을 붙잡아서라도 독서를 한다.

배움에 대한 열정이 있는 사람은 늙지 않는다. 그것이 꼭 얼굴에 주름이 없고 동안이 된다는 말이 아니다. 생각이나 의식이 젊은이 못지않게 깨어 있고 꿈과 힘이 있다는 말이다.

일본의 교육자인 사이토 기하쿠(齋藤喜博)가 "공부의 기본은 자신의 고정관념을 계속 깨뜨려 나가는 것"이라고 했듯이 끊임없이 사고의 벽을 뛰어넘는 과정이 바로 배움이다. 텔레비전이나 스마트폰처럼 수동적으로 두뇌에 흡입될 뿐 사고할 시간을 주지 않는 매체와는 다르다.

또, 이시형 박사는 《공부하는 독종이 살아남는다》에서 공부가 매우 효율적인 투자라고 밝혔다. "공부를 할수록 우리의 뇌는 활성화된다. 해마의 신경세포가 증식하기 때문이다. 새로운 신경세포는 노화를 방지하고, 젊음과 건강을 유지하게 해준다"라며 공부가 우리 삶에 생기와 의욕을 불어넣는다고 말한다.

아무리 엄마의 삶이 바쁘고 경황없이 돌아간다 해도 책 읽는 시간을 확보하기 바란다.

우리는 죽을 때까지 배워야 한다. 어른이 되었다고 다 배운 것이 아니라 배움에는 정년이 없다. 하다못해 어린 아이한테서도 배울 것이 있다. 배움의 자세로 살아간다면 이 사회의 모든 사람, 모든 순간이 소중하다는 것을 알 수 있다. 책을 읽는 만큼 세상이 주는 기회가 보이고 그만큼 꿈과 희망이 늘어간다.

자신이 나이가 들어가는 것을 느끼는 속도보다 배움이 주는 기쁨의 속도가 더 빠르다. 이 사회가 엄마에게 주는 기회는 많이 있다. 어떤 젊은 엄마는 '요리'나 '정리'에 대한 것을 블로그에 올리고, 책으로 출간하여 짭짤한 수입을 벌어들이기도 한다. 박완서도 마흔의 나이에 글을 써 〈여성동아〉 장편 공모에서 《나목》이 당선되어 등단한 것은 많은 사람이 알고 있을 것이다.

책은 인생의 오답을 정답으로 만들어준다. 책 속에 길이 있고 미래가 있기 때문이다. 책을 읽지 않는다는 것은 두뇌에 싱싱한 산소를 공급하지 않는 것과 같다. 쓰나미처럼 밀려오는 방대한 정보량을 무조건 받아들이기보다 지혜롭게 판단하고 수용하려면, 책을 읽는 것보다 더 좋은 것은 없다. 스마트폰으로 읽는 일시적인 정보나 일회성 가십거리보다 책은 우리 두뇌의 잠재의식 속에 더 오래 기억된다.

우리 마음을 변화시킨 감명 깊은 책의 내용은 잊히어 자세히 떠오르지 않더라도 우리의 두뇌 속에 남아 있다.

내게는 그런 책이 두 권 있다. 웨인 다이어(Wayne Walter Dyer)의 《행복한 이기주의자(*Your Erroneous Zones*)》와 하우석의 《내 인생 5년 후》다. 이 두 권의 책을 통해 나를 사랑하는 법을 배웠고, 미래의 삶과 인생을 되짚어볼 수 있었다.

매일 책 읽는 엄마는 늙지 않는다. 독서는 주방에서 음식을 만드는 일처럼 일상의 풍경이고 삶의 일부여야 한다. 우리의 육체가 영양가 있는 음식을 필요로 하듯 우리의 두뇌도 영양이 필요하다. 그 영양은 책을 통해 공급할 수 있다.

책 읽는 엄마로 거듭나라. 책은 당신의 나이를 잊게 해주는 최고의 처방전이다.

외로울 때 엄마인 당신을 지켜주는 건 결국 꿈이다

"우물쭈물하다가 내 이럴 줄 알았다."

조지 버나드 쇼(George Bernard Shaw)의 묘비명에 쓰여 있는 글이다. 우물쭈물하는 사이 아이는 자라지만 꿈이 없는 엄마는 어쩌면 이렇게 지난날을 후회할지 모른다.

사람의 인생은 한 권의 스케치북이다. 스케치북 한 장 한 장마다 그림을 채워가듯 우리도 하루하루 생의 의미를 채색한다. 그런데 아이의 도화지에는 알록달록 그림을 그리지만 정작 엄마의 도화지에는 아무런 그림을 채우지 못한다면 시나브로 세월이 흐른 후에 버나드 쇼가 말한 것처럼 외로움에 몸서리칠지 모른다.

스티브 잡스는 2005년 스탠퍼드 대학 졸업식 연설에서 이렇게 말했다.

“남의 인생을 살지 말고 자신의 인생을 사십시오. 언제나 더 나은 것을 갈망하며 앞만 보고 우직하게 나아가십시오.”

남들이 뭐라 하든 자신이 원하는 바를 추구하다 보면 언뜻 관계없이 보이는 점들이 이어져 하나의 일관된 선을 만들어준다는 것이 그의 생각이었다. 모든 사람의 인생이 그렇다면 엄마의 인생이라고 다를 것이 있겠는가?

아이가 어릴 때는 무엇이든 엄마의 바람대로 될 것 같은 착각이 든다. 하지만 아이는 자랄수록 엄마의 손이 필요 없는 존재가 되어가고 자신의 방문을 걸어 잠그는 날이 많아진다. 과학이나 문화만 급속히 발전하고 달라지는 것이 아니라, 아이들의 사고방식 또한 시나브로 달라진다는 것은 부인할 수 없는 사실이다.

그런데도 아직 우리 사회의 엄마들은 자식에게만큼은 매우 고집스럽게 욕심을 부리고 산다. 오직 자식이 잘되기만을 바라는 것은 예나 지금이나 변함이 없다. 오히려 더 심해졌다. 예전에는 자식이 많았지만, 요즘은 한둘이다 보니 아이에게 쏟는 엄마의 에너지는 더 커지고 세졌다. 엄마가 일을 하는 이유가 자신의 꿈을 이루기 위해서라기보다 대부분 아이 학원비나 학자금을 위해서라는 데서도 짐작할 수 있다.

예전에 안타까운 글을 하나 본 적이 있다. 아들의 교육과 학원 등을 사사건건 간섭하던 엄마가 있었다. 그 엄마의 바람대로 엄마가 원하는 대학에 합격한 후 아들은 엄마에게 이런 편지를 남겼다.

"엄마! 이제 만족하시나요? 그동안 행복하셨나요? 저는 그동안 엄마에게 끌려다니면서 너무 힘들었어요. 저는 이제 자유롭게 살고 싶어요. 당분간 저를 찾지 마세요."

아들은 이런 편지를 남겨둔 채 엄마 곁을 떠났다. 모든 것을 다 헌신하여 서울 명문 대학에 들어가기만을 바라던 엄마의 꿈은 딱 거기까지였다. 자신의 바람과 다르게 곁을 떠난 아들을 원망하며 엄마는 누구보다 더 아픈 시간을 보냈을 것이다.

아이에게 지나친 애정과 관심을 둔 부모는 자존감이 낮고 열등의식이 있다고 해도 과언이 아니다.

인간은 자신이 부족하다고 느끼면 어떤 형태로든 그것을 채우려는 욕구가 있게 마련이다. 그 대체물이 자식인 경우 부모는 온갖 헌신을 하지만 그럴수록 더 유약한 아이를 키울 뿐이다. 자신이 할 수 있는 것마저 엄마의 손을 빌리고, 성인이 되었는데도 여전히 부모에게 용돈을 타서 쓰는 애물단지로 평생을 사는 사람도 많다.

부부 사이든 부모 자식 사이든 지나친 것은 부족한 것만 못하다. 적당한 거리를 두고 각자 성장할 수 있도록 간격을 띄워야 한다. 외로운 시간에도 누구를 통해 채우려는 마음이 아닌 스스로 극복할 수 있는 힘이 있어야 한다.

《엄마의 주례사》를 쓴 김재용 작가의 말을 곱씹어보자.

"둘이 있을 때의 외로움은 혼자 있을 때보다 배가 되는 법이야. 외로움을 극복할 준비가 안 되었다면 결혼도 다시 한 번 생각해봐야 해. 외로움은 결국 남이 채워주는 게 아니라 내가 채워야 견뎌낼 수 있거든."

부부 사이의 외로움과 마찬가지로 부모 자식 간의 외로움도 결국 자기 몫이다. 외로움을 이기는 방법은 자기 인생을 사랑하는 것이다. 인생을 살다 보면 갖가지 문제들에 부딪치지만 이 문제들의 정답은 교과서에 없다. 그러니 정답을 찾는 것이 아니라 만들어가야 한다. 인생을 사랑하고 외로움을 이기는 것 또한 엄마가 결국 만들어가야 할 몫이다.

김춘수는 〈꽃〉이라는 시에서 "내가 그의 이름을 불러주었을 때 그는 나에게로 와서 꽃이 되었다"고 했다. 엄마의 꿈도 마찬가지다. 엄마의 꿈에 의미를 부여할 때 비로소 꿈다운 꿈으로 남게 된다. 의미를 부여하지 않으면 그 꿈은 한낱 몽상가의 상상에 불과하다.

청소년에게 비전을 심어주는 동기부여가

대한민국을 책 읽는 나라로 만들어주는 독서법의 대가

50세 이후에는 NGO에서 일하기

내년에 첫 책 출간하기

수채화 배워 3년 후 전시회 열기

사회복지사 자격증 따기

바리스타 자격증 취득하여 북 카페 창업하기

미술심리지도사 자격증 따기

외에도 자기가 하고 싶은 것을 종이에 적고 시각화해보라. 조금씩 도전하고 열정을 불태우면 자기도 모르는 사이에 꿈에 바짝 다가가게 된다. 자신에게 꼭 맞는 색깔의 꿈을 정하고 하루에 몇 번씩 들여다보라. 당신의 잠재의식 속에 각인되고 생의 이정표가 되도록.

미국의 진 니데치(Jean Nidetch)는 "우연이 아닌 선택이 운명을 결정한다"고 했다. 엄마가 자신의 꿈을 꿀지, 아이가 나의 꿈을 이루기를 바랄지는 엄마의 선택에 달려 있다. 그 선택이 엄마의 운명을 결정한다. 무엇을 선택할지는 엄마인 당신의 몫이다.

나는 당신이 단 하나밖에 없는 인생에서 누구에게도 구애받지 않는 자유로운 삶을 꿈꾸는 엄마였으면 한다. 남편을 무시하기보다 설득하라. 엄마가 꿈을 이루는 것은 가족 모두의 행복을 위해서라고 끊임없이 가족의 동의를 이끌어내라. 그러려면 엄마의 열정보다 더 설득력 있는 것은 없다. 누구에게도 핑계 대지 않고 내 인생의 CEO로서 주도적으로 꿈을 이끌어라.

Part 3

10년 후, 엄마의 인생을 설계하라

인생의 직원이 되지 말고 CEO가 돼라

안도현의 동화《연어 이야기》에서 초록강은 은빛 연어에게 이렇게 말한다.

"존재한다는 것, 그것은 나 아닌 것들의 배경이 된다는 뜻이야."

정말 그럴까? 존재한다는 것이 왜 전경이 아니고 배경이 되어야 하는지 의문이 든다. 존재한다는 것은 내가 전경이 되어 주체적으로 살 때 의미가 있는 법이다.

내가 힘이 있으면 아이의 배경이 되고 내가 힘이 없으면 아이에게 짐이 된다. 부모가 아이의 버팀목이라면 버팀목이 기대어도 무너지지 않을 만큼 튼튼하고 단단해야 한다. 그런 의미에서 엄마는 인생의 배경이 아닌 전경, 즉 주인으로 살아야 한다.

하우석이 《내 인생 5년 후》에서 주도적으로 살지 못하는 사람에게 가한 일침은 충격적이기까지 하다.

"중요한 건 나이가 아니다. 정말 중요하고도 중요한 건 인생에 관한 고정관념에 맞서 최고의 싸움을 벌이고자 하는 의지다. 그저 흘러가는 대로 몸을 맡기는 삶, 대세에 순응하는 삶, 익숙한 것에 길들여져 있는 삶을 사는 사람에게 돌아오는 결과는 성공이 아니라 '추락'이다. 미래가 아니라 오늘에 집착하는 삶을 사는 사람은 결국 핑계거리만 가득 안고 무덤으로 들어가고 만다."

애벌레는 고치에서 빠져나오는 힘든 과정 없이 나비가 될 수 없다. 성숙과 발전의 과정을 겪지 않는 애벌레는 앞으로도 변화한 인생을 살 수 없다. 엄마가 가정이라는 고치 안에서 안주하고 만족한다면 자신의 잠재력을 마음껏 펼쳐보지 못하게 된다. 자신의 자아를 당당히 내세우지 못하고 자신의 한계에 갇혀 있다면 그것보다 안타까운 일이 없다.

얼마 전 〈뉴라이프〉라는 잡지에서 뷰티 브랜드 '뉴스킨'의 최윤영 사장에 대한 기사를 읽고 잔잔한 감동을 느꼈다.

우연히 뉴스킨의 제품을 만나 자연스레 사업을 시작했다는 그녀에게는 특별한 꿈이 있었다. 바로 골프를 하는 아들의 꿈을 실현할 수 있도록 마음껏 지원하는 엄마가 되고 싶다는 것이었다.

'나무 한 그루가 아닌, 숲을 보라.'

그녀는 이런 인생 철학을 가지고 늘 긍정적으로 생각하려고 노력했다. 지금의 어려운 현실보다 성공의 끝점을 바라보았다. 현재는 성공이라는 단어를 사용할 수 있을 만큼 사업을 성장시킨 회사의 CEO가 되었다.

그의 아들도 꾸준히 골프를 해 꿈을 이루었다. 이렇듯 단지 자식을 위해 자신의 모든 것을 포기하는 엄마로 남는 것이 아닌 자식과 엄마가 동반 성장하는 것이야말로 진정한 성공이 아니겠는가?

얼마 전 세종TV 〈북포럼@대전〉이라는 프로그램에 《엄마는 아이의 미래다》의 저자로 참여한 적이 있다. 그때 패널로 나온 남자분께서 이런 질문을 했다.

"보수적인 생각인지 몰라도 아직까지 우리나라에서는 남자가 여자보다 더 많이 배워야 한다는 사고방식을 가지고 계신 분이 많다고 봐요. 여자가 사회생활하고 자기 계발하는 것에 아직은 걸림돌이 많다고 여겨지는데 저자님의 생각은 어떠신지요?"

나는 서슴없이 대답했다.

"남자가 여자보다 더 많이 배워야 한다는 의식은 잘못된 사상이라고 생각합니다. 지금은 백세 시대로 우리가 설령 은퇴를 한다 하더라도 앞으로 살아갈 날이 더 많습니다. 남편과 아내가 같이 성장할 때 아이도 부모를 성장하는 삶의 모델로 보며 자라게 됩니다."

보수적인 우리나라 국민의 사고방식이 뿌리째 사라지는 데는 좀 더 시간이 필요할 것 같다. 그만큼 여성 인력이 사회에 진출하는 데 걸림돌이 되는 것만은 사실이다. 하지만 조선 시대 신사임당이 그림, 서예 등 자신이 하고 싶은 일을 마음껏 한 예를 봐도 알 수 있듯이, 간절한 꿈은 시대를 초월하고 차별이라는 걸림돌을 뛰어넘는다.

나는 당신이 단 하나밖에 없는 인생에서 누구에게도 구애받지 않는 자유로운 삶을 꿈꾸는 엄마였으면 한다. 남편을 무시하기보다 설득하라. 엄마가 꿈을 이루는 것은 가족 모두의 행복을 위해서라고 끊임없이 가족의 동의를 이끌어내라. 그러려면 엄마의 열정보다 더 설득력 있는 것은 없다. 누구에게도 핑계 대지 않고 내 인생의 CEO로서 주도적으로 꿈을 이끌어라.

미국의 소설가 마크 트웨인은 이런 말을 남겼다.

"20년이 흐른 후 당신은 이룬 일보다 하지 못한 일들로 인해 더 깊이 좌절하리라."

저절로 고개가 끄덕여진다. 정말 20년 후 하지 못한 일들로 좌절하지 않으려고 오늘 나는 내가 진정 무엇을 하고 싶은지 마음속을 들여다보리라. 우리 각자는 지구상에 있는 사람들 중 유일한 존재들이다.

인생에는 면제가 없다

"뭐든 꼬이기만 하고 이렇게 힘들 수가 없어요."

"되는 것이 하나도 없어요."

"운이 없어요."

"어떻게 살아야 할지 막막해요."

만약 인생의 후반부가 이런 부정적인 감정으로 가득하다면 결코 성공한 인생이라고 할 수 없다.

부정적인 감정은 우리 인생의 좀도둑과 같다. 이런 부정적인 감정은 신체적, 정신적인 질병을 가져올 뿐 아니라 인간관계를 황폐하게 만든다. 삶의 즐거움을 앗아가고 고통과 괴로움을 줄 뿐이다.

행복한 인생을 살려면 이런 부정적인 감정을 없애야 한다. 나 또한 이런 부정적인 감정 때문에 오랫동안 행복하지 않은 삶을 살았다. 나의 이런 부정적인 감정을 이해하려면 어린 시절로 돌아가야 한다.

어릴 적 나는 부모님의 불화와 경제적인 어려움 때문에 오랫동안 우울한 감정을 떨쳐버릴 수가 없었다. 결혼한 후에는 강도가 많이 줄었지만 나의 우울한 감정은 아이를 양육할 때마다 순간순간 떠올랐다. 어릴 때 감정의 지지를 받지 못하고 자란 나는 아이의 감정을 인식하는 데 서툴러서 양육이 힘들었다.

내가 얻은 결론은, 지금 내가 사는 인생은 과거에서 왔고 지금의 내 삶도 미래로 연결된다는 사실이다. 내가 지금 미래를 대비하지 않으면 어쩌면 먼 훗날 내가 뿌린 부정적인 열매를 거두어야 할지도 모른다.

고대 그리스에서 여행자가 한 노인을 만났다. 그가 노인에게 올림포스 산으로 가는 길을 물어보자 노인이 대답했다.

"정말 올림포스 산으로 가고 싶다면 당신이 걷는 한 걸음 한 걸음이 정확히 그 방향을 향하고 있는지 확인하시오."

그 노인은 바로 소크라테스였다. 이 이야기가 주는 교훈은 단순하다. 원하는 것을 얻고 싶다면 자신의 모든 행동과 생각을 그것에 맞추라는 것이다. 우리가 원하는 미래의 삶이 있다면 그것을 향해 나아가야 한다. 행동과 생각이 원하는 방향이 아닌 다른 곳으로 향하게 되면 원하는 목적지에 도달하지 못한다.

사람은 대부분 무의식적으로 반복되는 삶을 살아가는 경향이 있다.

내가 매일 가는 곳이 있는데 오늘은 그곳과 반대되는 곳에 간다고 하자. 아무런 생각 없이 가방을 매고 운전을 하다 보면 매일 가는 곳을 향하게 된다. 대부분의 습관적인 일도 낮은 인식 상태에서 일어난다. 그래서 우리의 의식을 깨워 우리가 원하는 곳으로 가도록 끊임없이 인식시켜야 한다.

워킹맘이든 전업주부든 엄마에겐 매일 반복되는 일이 허다하다. 음식 준비와 빨래, 청소, 그뿐인가? 아이 숙제 봐주랴, 준비물 챙기랴 똑같은 일을 하다 보면 일상이 자동 세탁기처럼 무의미하게 돌아갈 때가 있다. 만약 이런 일이 아이가 엄마 품을 떠날 때까지 반복된다고 하자. 어떤 일이 벌어질까?

만약 직장에서 하루 일을 마치고 아이를 재운 뒤 느긋하게 텔레비전으로 영화를 감상하는 것이 목표라면 대부분은 그 목표를 달성할 것이다. 토요일에는 근처 산이라도 오를 목표를 세워도 무난히 목표에 다가갈 수 있을 것이다. 하지만 엄마의 목표가 10년 후에나 이룰 수 있는 목표라면 그것을 지키지도, 실행하기도 쉽지 않을 것이다.

분명한 것은 목표가 없다면 이룰 것이 없다. 하지만 목표가 있다면, 그리고 포기하지 않는다면 시간은 걸리겠지만 반드시 달성할 수 있다.

나는 신달자 작가의 에세이집 《여자를 위한 인생 10강》을 감명 깊게 읽었다. 그녀는 남편의 심각한 병과 시어머니의 척추 손실이라는 우환, 그리고 이제 막 아이들이 초등학교를 다니던 파란 속에서 대학원 공부를 시작했다.

이 책에서 그녀는 그것을 가장 큰 기적이라고 생각했단다.

"현실이 각박하다면 더 일찍 결단할 수 있을지 모른다. 도전은 고통과 어깨동무를 하고 눈물을 친구로 삼아야 가능하다. 그런 각오가 반드시 필요하다. 자존심을 다쳐도 참아야 하는 어려움도 있다. 여기 열거하지 않은 어려움은 더 많다는 것을 잘 알고 있을 것이다.

그다음이 자기 스스로를 통제하는 것이다. 도전이 좋다고 현실감각도 없이 덤비면 안 된다. 자신의 현실을 잘 살펴 어떤 구조로 가는 것이 가장 현명한지 여러 각도로 고민해야 한다.

자신을 컨트롤할 수 없는 여성은 사회 속에서도 이해받지 못한다. 너무 나서지도 말고 물러나지도 않는 지혜와 기지가 필요하다. 그래서 자기 확인이 필요하다고 한 것이다. 자신의 결점을 잘 알아서 자기가 가고자 하는 길의 티켓으로 사용할 줄 알아야 한다."

그녀는 그의 목표인 문학 박사학위를 받고 시인이자 에세이 작가로 활발하게 활동하고 있다. 늦은 나이임에도 마흔의 나이에 시작한 걸음마가 이제는 뜀박질도 가능할 만큼 되었다. 이 모두가 자신이 뿌리고 가꾼 열매다.

엄마가 되었다고 해서 인생의 숙제가 면제된 것은 아니다. 여전히 엄마의 인생은 계속되고 있다. 단지 너무 바빠서 발화점에 도달할 시간표가 있다는 사실을 잊고 있을 따름이다.

영국의 〈이코노미스트〉 지는 '나이 먹어 가는 즐거움'이라는 특집 기사를 실었다. 전 세계 27개국을 대상으로 한 행복도 조사에서 사람들의 행복도는 45세를 기저로 그 이후 급격하게 상승하는 U자형 곡선을 나타낸다고 발표했다.

미국에서는 고급 인력이 청소를 하거나 유리닦이를 하는 것이 이상하지 않을 정도로 은퇴 이후에도 열심히 일을 한다. 하지만 우리나라는 쉽지 않은 것 같다. 가끔 은퇴한 교장 선생님이 학교에서 기간제 교사로 아이들을 가르친다는 소식이 들리기도 하지만 대부분은 사람들의 이목을 더 중요시하기 때문에 그런 직업을 갖지 않으려 한다. 하지만 정말 '나이 먹어 가는 즐거움'을 누렸으면 하는 것은 우리 모두의 소망이 아니겠는가?

그러려면 아이를 키우는 30대, 40대 여성은 어떤 일이 닥칠지 모르는 인생에 대비해야 한다. 컴퓨터든, 외국어든, 사진이든 자기가 흥미를 느끼는 일을 준비해두어야 한다. 어떤 것들은 당장 쓸모가 없을 것 같아 보여 기운을 빼기도 한다. 하지만 '언젠가는 반드시 쓸모가 있을 거야'라는 생각으로 꾸준히 하다 보면 반드시 실력을 인정받을 때가 오게 마련이다.

인생에는 면제가 없다.

사람은 흥미가 있는 것에 끌리게 마련이다. 엄마에겐 아이를 키우느라 힘든 그 시간이 바로 무엇인가 간절하게 담금질하는 축복의 시간이다. 마음을 놓지 말고 미래를 위해 무엇인가 당신의 재능과 열정을 투자해야 한다.

눈부신 삶을 열망하라

"앞으로 20년 후에는 당신이 했던 일보다 하지 않았던 일들을 떠올리며 더 후회할 것이다. 그러니 배를 묶어둔 밧줄을 풀어라. 안전한 항구를 떠나라. 무역풍을 타고 항해하라. 탐험하라. 발전하라."

미국의 소설가이자 《톰소여의 모험》의 저자인 마크 트웨인은 이런 명언을 남겼다.

그는 앞으로 후회하지 않는 삶을 살기 위해 안전한 항구를 떠나 거친 파도를 향해 달려 나가라고 말한다.

사실 엄마들은 아이를 낳고 육아와 살림이라는 안전한 장소에 머물기가 쉽다. 그러다 불쑥불쑥 '내가 누구인가?'라는 정체성의 혼란을 겪게 된다. 이런 혼란스러움을 겪지 않으면 다행이지만, 인간은 누구나 자아의식이 존재한다. 나를 드러냄으로써 살아 있는 존재감을 느끼게 마련이다.

미국의 전 국무장관인 매들린 올브라이트(Madeleine Albright)는 부유한 상속자와 결혼하여 행복하게 살았지만, 결혼 23년 만에 남편의 외도로 이혼했다. 그녀는 마흔다섯 살에 첫 공직 생활을 시작하여 UN 대사 등을 역임하는 등 여자로서 화려한 인생 2막을 살았다.

그녀는 이혼 후에도 결코 낙심하거나 포기하지 않고 자신의 삶에 충실했다.

그녀는 이런 말을 남긴 적이 있다.

"저는 원대한 목표를 삼는 게 불가능했어요. 다만 매 순간 열심히 살아보자는 마음뿐이었지요. 이른 결혼도, 남편과의 이혼도, 그리고 정치에 뛰어든 것도 우연일 수 있지만, 그 모든 우연이란 축적된 필연의 결과가 아닐까 생각합니다."

올브라이트의 말은 모든 기혼 여성들에게 희망을 준다. 그녀가 책임감과 열정으로 꿈을 이뤄가는 모습은 많은 여성에게 본보기가 된다. 그녀는 "우리는 20~30대에 모든 것을 성취할 필요가 없어요. 40대 이후에도 삶은 계속되니까요"라고 했다.

'꿈이 없는 사람이 노인이고 꿈이 있는 사람은 아직 젊은이'라는 말이 있다. 꿈이 있는 엄마는 포기할 것을 포기하고 자신이 하고 싶은 일에 집중하여야 한다. 그러면서 제2의 눈부신 삶을 열망해야 한다. 그 열망이 간절한 만큼 그곳에 쏟는 시간이 점점 늘어나고 결국 희망의 링에 오르게 될 것이다.

지금 내가 미래에 대한 열정 없이 일한다면 시간이 흐를수록 점점 피곤해지기만 할 것이다. 보통 직장인에게는 월요병이 존재한다. 주말이 지나고 월요일이 다가오면 회사에 출근하기 싫어진다. 하지만 좋아하는 일, 즉 꿈꾸던 일을 하면 즐거운 마음으로 월요일을 기다리게 될 것이다.

IBM의 창업자 토머스 왓슨(Thomas Watson)은 "연인을 마음속에 간직하듯 진솔한 마음으로 일을 생각하고 그 일에 진심으로 열중하라"고 조언한다.

성공하는 사람은 누가 시키지 않아도 스스로 가슴에서 우러나오는 열정으로 일한다. 그리고 그러한 노력과 힘이 결국 성공을 부른다. 《열정을 갖고 일하라》에서 낸시 앤더슨(Nancy Anderson)은 열정에 대해 이렇게 말했다.

"열정은 감정의 강렬한 자극이다. 그것은 어떤 사물, 사람, 이상, 믿음 등에 대해서 품게 되는 강렬한 느낌이다. 이러한 열정을 발산할 때 인간은 이 세상에 이로움을 안겨줄 수도 있지만 해악스런 결과를 안겨줄 수도 있다.

열정은 특정한 사람의 전유물이 아니다. 우리가 모두 그러한 열정, 즉 감정의 강렬한 자극을 가질 수 있다. 그러나 그 열정을 행동에 옮기는 사람은 극소수에 불과하다. 슬프게도 우리는 어린 시절부터 감정을 절제하라는 잘못된 교육에 시달렸기 때문에, 달리 말해서 뜨거운 열정을 적극적으로 지지받지 못했기 때문에 열정을 마지못해 억누르고 있다. 그러나 이제부터라도 가슴에서 느끼는 대로 제어하지 않고 느낄 수 있다면 어린 시절의 그 뜨거운 열정을 되찾을 수 있다."

우리가 살아가면서 경험하는 모든 것은 하나의 퍼즐 맞추기와 같다. 흩어진 조각을 맞추려면 멀리 서서 전체를 바라봐야 한다. 마찬가지로 엄마의 꿈도 인생 전체를 두고 바라보아야 한다. 그래야 퍼즐 맞추기처럼 어디에 집중해야 할지 선택하고 거기에 에너지를 집중할 수 있다.

현재의 삶을 분석하고 미래에 꿈꾸는 삶을 생생하게 그려보라. 망상과 꿈은 다르다. 망상은 상상으로만 그치지만 꿈은 실천력이 따라준다면 점차 현실에 가까워진다.

당신은 남은 인생을 어떻게 살고 싶은가? 한 번밖에 주어지지 않은 인생이다. 눈부신 삶을 열망하라.

엄마의 성공을 기획하라

갓 태어난 아기가 홀로 걷기 위해서는 2,000번의 넘어짐을 겪어야 한다는 말이 있다. 수많은 실패 끝에 성공이 주어진다는 뜻이다.

호주의 성공한 기업가 필 다니엘스(Phil Daniels)는 실패에 대해 이렇게 말했다.

"눈부신 실패에는 상을 주어라. 그러나 평범한 성공에는 벌을 내려라."

인생을 사는 동안 우리는 수많은 실패를 겪는다. 때로는 실패가 두려워 도전하기를 머뭇거리고 정작 성공했을 때는 그 순간을 누리지 못한다. 여자라는 이유로, 엄마라는 이유로 성공이라는 단어조차 입에 꺼내지 못한다. 시대가 바뀌어 여자 대통령이 등장했지만 아직 우리 주변에는 여자가 성공이라는 가치를 우선시하기에는 방해되는 요소가 많다.

'여대생이 가장 닮고 싶어 하는 여성', '여성 앵커의 대명사'로 꼽히는 백지연은 이렇게 말했다.

"모든 사람은 다 똑같다. 은수저를 물고 태어났든 극악한 환경에서 태어났든 누구나 성공할 수도 있고 실패할 수도 있는데, 성공으로 추진하는 가장 강력한 힘은 바로 자기 자신에게 있다. 자신에게 목표의식을 일깨워주고, 책임과 양심을 불어넣음으로써 내부의 나태를 극복해야 한다. 성공하고 싶다면 자기 자신부터 설득해야 한다."

당신도 여성이자 엄마이기 전에 한 인간으로써 자신의 잠재 능력을 마음껏 펼치고 싶다는 생각이 있을 것이다. 어떤 사람은 이러한 생각이 뇌 속에서 일어날 때 그 간절한 마음을 붙잡지 못하고 놓아둔다. 하지만 다른 사람은 그 순간 '이게 뭐지?', '난 이렇게 살고 싶어'라고 하면서 두뇌에서 일어나는 엄청난 욕망을 붙잡고 실체를 확인한다.

실제로 2006년 미국 〈타임스〉에 '인간의 지식 업무 능력은 45세를 지나 60세까지 발전할 뿐만 아니라 그 이후로도 비약적으로 발전한다'라는 내용의 기사가 실린 적이 있다.

1958년 미국 UCLA 버클리 의대 신경 과학자 연구팀이 당시 21세의 대학생 142명을 대상으로 40년간 장기 임상 실험을 실시했다. 그 결과 인간의 뇌 기능이 60세 이후로도 계속 발전한다는 사실을 밝혀냈다. 그동안 '인간의 뇌 기능은 45세를 최고점으로 서서히 떨어진다'고 여겨왔던 가설이 뒤집어지고 말았다.

우리는 가끔 이런 말을 자주 듣는다.

"애를 낳고 나니 기억력이 떨어져. 들은 것도 금방 잊어버려."

"내가 정말 늙었나 봐. 책을 읽어도 머리에 들어오지 않아."

"공부도 때가 있어. 이 나이에 무슨 공부를 해."

하지만 나는 이런 말은 핑계라고 생각한다. 나이가 들수록 공부해야 한다. 엄마라서 더 열심히 공부해야 한다. 공부하지 않으면 여태까지 자신이 가지고 있는 지식, 경험, 정보에서 한 걸음도 더 나아가지 못한다. 혹여 잘못된 편견을 가졌다면 점점 편견 속에 갇히게 된다. 공부하지 않는 사람은 나이가 들어도 사고가 확장되지 못하고 자기만의 세계가 전부인 줄 착각한다. 하지만 공부를 계속하는 사람은 세상과 사람을 보는 각도가 더 넓어지고 아는 만큼 여유로워진다.

세계에서 가장 영향력 있는 경영 사상가 중의 한 명인 찰스 핸디(Charles Handy)는 말한다.

"우리 자신의 발견은 세상의 발견보다 중요하다."

내가 누구인지, 어떤 장점을 가졌는지, 얼마만큼의 성장 잠재력을 가진 존재인지 제대로 발견하는 것은 무엇보다 중요하다. 그리고 그 후에 나온 최선의 결정은 '지금 당장 하라'였다. 핸디는 꾸물거리지 말고, 미루지 말고 자신이 하고자 하는 일을 당장 시행하라고 말한다.

예를 들어, 오늘부터 책을 매일 30분씩 읽기로 했다면 당장 도서관이나 서점에 달려가야 한다. '내일부터 해야지' 하고 미루면 내일은 또다시 내일이 되고 만다. 그림을 배우려고 한다면 화실에 당장 가야 한다. 이때 한 번 시작한 것은 최소한 3개월은 고수해야 한다. 그 정도의 시간을 거치면 자신에게 맞는지 맞지 않는지 알 수 있다. 또한 회사에서 성공하고자 하는 워킹맘이라면 조직의 룰을 이해하고 공부해야 한다.

여성이 일하기 좋은 시대가 된 것은 분명하다. 예전에는 육아휴직은 고사하고 출산휴가도 3주밖에 쓰지 못했다. 요즘엔 입덧을 해도 한 달간의 병가를 쓸 수 있을 만큼 여성이 인정받는 시대가 왔다는 데 동의한다.

그런데 입사할 때 쟁쟁하던 젊은 여성들은 어느 정도 시간이 지나면 슬그머니 자취를 감춘다.

어느 조사에 따르면 한국에서 여성이 리더 역할을 맡는 비율은 대기업 중역의 경우 2퍼센트, 이사의 경우 1퍼센트, CEO의 경우 1퍼센트 미만에 불과했다. 집안일과 육아가 한꺼번에 밀려오면 그 어떤 재간 있는 여성도 리더 자리에 오르기가 만만치 않은 것이다.

어쨌거나 아이가 있건 없건, 엄마의 성공을 바란다면 일이든 인간관계에서든 프로가 되는 법을 익혀라. 직장과 가정에서 모두 성공하는 엄마가 되려면 지혜가 필요하다. 엄마가 필요한 가정 내 모든 네트워크를 활용하고 회사를 여성이 일하기 좋은 일터로 만들어라. '여자니까'라는 지고 들어가는 말은 피하고 프로 의식으로 승부하라.

달콤한 마시멜로를 뿌리쳐라

선생님이 꼬마들에게 마시멜로 사탕이 한 개 든 봉투와 두 개가 든 봉투를 보여준다.

"지금 먹어도 좋지만, 15분만 참으면 한 개 더 줄게."

그러고는 마시멜로가 하나 들어 있는 봉투를 아이 앞에 남겨놓고 방에서 나간다. 어떤 아이들은 선생님이 나가자마자 참지 못하고 바로 먹었고, 다른 아이들은 선생님이 돌아올 때까지 용케 참아서 마시멜로를 하나 더 받았다.

1966년 스탠퍼드 대학의 심리학자 월터 미셸(Walter Mischel) 박사가 한 유명한 '마시멜로 실험'의 내용이다.

그는 실험에 참가한 653명의 네 살배기 꼬마들을 15년 후 다시 만났고, 1981년에 그 유명한 마시멜로 연구 결과를 발표했다.

연구에 따르면 마시멜로를 먹지 않고 오래 참은 아이일수록 대학 입학 시험(SAT) 점수가 800점 만점에 평균 125점 이상 압도적으로 높았다. 그뿐만 아니라 삶의 대부분 영역에서 우수한 결과를 나타내고 있었다. 더 나아가 이후의 추적 연구는 참을성이 없어 마시멜로를 먹은 아이들은 비만, 약물중독, 사회 부적응 등의 문제를 가지고 있는 반면 참을성을 발휘한 아이들은 성공적인 중년의 삶을 살고 있음을 보여주었다.

인생은 씨줄날줄로 엮인 희로애락의 파노라마다. 이러한 인생의 파노라마에서 엄마의 삶에도 달콤한 마시멜로는 존재한다. 조금만 참을성 있게 아껴서 사용하면 더 근사한 것으로 보상받지만 참을성 없이 무의미하게 보내도록 마시멜로는 곳곳에서 엄마를 유혹한다.

마시멜로는 인간이 참아내기 힘든 유혹을 의미한다. 호아킴 데 포사다(Joachim de Posada)는 《마시멜로 이야기》에서 인간이 마시멜로의 유혹을 참아내야 성공할 수 있다고 주장했다. 그렇다면 엄마의 마시멜로는 무엇일까?

사람마다 조금씩 다르겠지만 마시멜로는 너무나 달콤해서 중독되기 쉽다. 그리고 중독은 처음부터 심각한 피해를 일으키는 것이 아니라 사소한 구멍이 강둑을 무너뜨리듯이 조금씩 삶을 무너뜨린다. 조금 넓게 생각하면 다음 몇 가지가 엄마의 마시멜로다.

첫째, 빈 시간에 온라인 쇼핑에 매달리거나 백화점에 달려간다.

둘째, 혼자 있는 시간에 텔레비전을 몇 시간씩 본다.

셋째, 심심해서 친구를 만나 수다를 떤다.

넷째, 낮에 틈이 나면 낮잠을 실컷 잔다.

다섯째, 수시로 스마트폰을 보고 게임에 몰두한다.

'나비효과'란 말이 있다. 브라질에 있는 나비의 작은 날갯짓이 미국 텍사스에 폭풍을 일으킨다는 나비효과는 우리의 삶에도 적용할 수 있다. 사소한 작은 습관이 엉뚱하고 심대한 결과를 가져온다는 뜻이다. 그렇다면 엄마를 유혹하는 마시멜로의 유혹은 결코 작다고 할 수 없다. 조금씩 마시멜로에 중독되면 어느덧 이가 상하여 고통을 느낄뿐더러 자꾸만 더 강한 마시멜로의 맛을 찾는다. 그러다가 결국 거기에서 헤어 나오지 못하고 삶을 망가뜨리게 된다.

김난도 교수는 그의 저서 《아프니까 청춘이다》에서 이렇게 말하고 있다.

"의미 없는 습관으로 굳어진 취미를 '삶의 유일한 즐거움'이란 식의 변명으로 감싸지는 말라. 세상에서 가장 큰 즐거움이 무엇이라 생각하는가? 그것은 성장하는 즐거움이다. 성장에 꼭 필요한 양분인

'시간'을 빼앗는 일은 즐거움의 원천이 될 수 없다. 의미 없이 그냥 보내는 시간이 많아질수록 존재의 두께는 얇아진다. 무의미한 반복이 계속되는 취미, 혹은 시간 때우기를 당장 그만둬라."

아기가 넘어지는 것이 무서워 걸음을 내딛지 않는다면 걸음마를 배울 수 없다. 엄마도 마찬가지다. 엄마도 진정 성장하기를 원한다면 익숙한 삶에서 뭔가 변화를 시도하려는 움직임이 필요하다. 그러려면 엄마의 성장을 방해하는 달콤한 마시멜로를 뿌리쳐야 한다.

진정 변화를 원하는 엄마라면 잠재의식 속에 아로새겨진 꿈이 단지 꿈으로만 그치게 하지 말아야 한다. 유감스럽게도 현실은 만만치 않다. 꿈을 새기는 일과 그것을 실현하는 것 사이에는 행동하는 프로세스가 함께 작동해야 한다. 당신 스스로 습관을 바꾸지 않는다면 그 습관이 당신의 운명을 바꿀 것이다. 언제까지 달콤한 마시멜로가 엄마를 행복하게 해줄 것이라고 믿을 것인가?

만약 달콤한 마시멜로에 취해서 자신을 위한 성장의 시간, 즉 미래를 위한 시간에 전혀 투자를 하지 않은 채 살아간다면 어떨까? 아마 아무런 변함이 없는 1주일을 보낼 것이고 1년 후, 또는 10년 후 성장이 멈춘 자신의 모습을 보게 될 것이다.

그런데 성장이 멈추면 오히려 세상에 뒤처진다. 내가 멈춘 시간에 세상은 빠른 속도로 변하고 이미 앞서 뛰고 있는 주자들은 먼저 승리의 깃발을 흔들게 될 것이다.

《다시 아이를 키운다면》의 저자 박혜란은 워킹맘 4년, 전업주부 10년, 파트타임 30년 경험을 가지고 있다. 전업주부로 있는 동안 방에 커다란 책상을 놓고 엄마가 먼저 책을 읽고 공부하고 있으면 아이들도 자연스럽게 엄마 주변에 모여들었다. 그러다 막내가 초등학교에 들어가는 서른아홉의 나이에 대학원에 입학하면서 여성학자로 새로운 출발을 했다. 아이를 키운 엄마라면 육아의 고단함에 대해 누구나 공감할 것이다. 세 아들을 키운 엄마에게 왜 마시멜로의 유혹이 없었겠는가?

그녀는 《다시 아이를 키운다면》에서 "아이만 키우지 말고 나를 키워라"라고 말한다.

"입만 열면 공부해라, 공부해라 잔소리하는 대신 앞으로의 인생 설계에 도움이 되는 책을 구해서 읽는다고 치자. 아이는 처음엔 '픽' 하고 웃을 것이다. 자신의 눈에는 이미 다 산 것 같은 엄마가 새삼 책에 집중을 한다는 게 영 어색하기 때문이다. 또 마음 한구석에선 이제까지 잔소리를 퍼붓던 엄마로부터 외면당한 듯한 느낌에 공연히 심술이 나기도 할 것이다. 다가가면 도망가고 도망가면 다가가는 이른바 '밀당'은 연인 사이에서만 유효한 게 아니다. 아이가 자기에게 관심을 가져달라고 온갖 제스처를 써도, '미안해, 네 일은 네가 알아서 해. 엄마는 할 일이 있어'라고 튕기면 아이는 어느새 공부할 거리를 들고 엄마 옆으로 오거나 자기 방으로 들어가서 책상 앞에 앉는다. 엄마의 잔소리 때문에 억지로 공부를 하는 게 아니라 '저렇게 늙은 엄마도 공부를 하는데 나도 해야지' 라는 질투심이 발동하는 것이다."

'이 나이에 공부한다고 뭐가 달라지나?' 라고 젊은 엄마는 지레 겁을 먹을 만하다. 특히 경력 단절 기간이 길수록 자신감을 잃고 감히 도전을 포기할 수밖에 없다. 이것이 전업주부의 현주소다. 그래서 조금은 힘들고 귀찮은 마음, 게다가 육아에 지친 몸이 마시멜로의 유혹에 넘어가는 단초가 된다.

사람은 누구나 고유의 재능이 있고 특성이 있다. 자신만의 에너지와 느낌이 있다. 그런데 그 누구도 기억하지 못하는 무채색의 인생을 산다면 그보다 슬픈 일도 없으리라. 엄마에게도 고유의 재능과 흥미와 인생의 꿈이 있다면 바로 지금이 도전해야 할 찬스가 될지도 모른다. 미리 포기하거나 낙심하고 주저앉는 일은 그만두자.

엄마의 결단이 확고할수록 안이한 생각, 무의미하게 반복되는 습관, 그래서 아깝게 버려지는 마시멜로의 유혹을 힘차게 물리칠 수 있다. 그러니 달콤한 마시멜로를 뿌리쳐라. 그 과정이 힘들고 어렵더라도 하나밖에 없는 엄마의 인생이다. 10년 후 불편한 진실을 마주하지 않으려면 오늘 힘들고 불편한 편이 낫지 않겠는가?

'플러스 한 시간'을 챙겨라

2005년 우리나라 여성 근로자 영아 보육 실태 조사에 따르면 직장을 그만둔 여성의 퇴직 사유 중 68퍼센트가 '보육 문제'라고 한다. 그만큼 아이의 출산과 양육은 한국 여성에게 매우 힘들뿐더러 일과 병행하기에 무리가 따르는 걸림돌이다. 그래서 우리나라 여성들은 결혼, 임신, 출산 등이 직장 생활을 가로막아 마음껏 자아실현을 하지 못한 채 지금까지 쌓아온 경력을 포기하는 경우가 많다.

2013년 3월 〈헤럴드경제〉에 보도된 교원 통계를 보면 교사 10명 중 7명이 여교사였다. 수도권에 있는 학교 중에서 남교사가 한 명도 없는 학교가 세 곳이나 있었다.

최근에는 다소 다른 양상을 보이고 있지만 불과 몇 년 전만 해도 교장까지 승진한 여교사는 일선에서 잘 볼 수 없었다. 또한 고용노동부 자료에 따르면 직원 수 1000명 이상의 546개 기업과 정부 부처, 공기업의 경우 여성 임원의 비율이 고작 3.3퍼센트에 불과하다.

〈경향신문〉에서 발행한 《알파레이디 리더십》에서는 '알파걸은 많은데 알파레이디로 성장하는 여성은 왜 드물까?'라는 기본적인 질문을 한다. 이어 다음과 같은 문제의식도 드러낸다.

'반장·부반장은 여학생들이 많이 하는데 기업의 사장·부사장은 왜 적을까?', '초등학교 선생님들은 거의 여성이라는데 왜 여자 교장 선생님은 많지 않을까?'

알파걸이란 학업, 운동, 리더십 등 모든 면에서 남성을 능가하는 높은 성취욕과 자신감을 가진 여성을 뜻하는 용어로 미국 하버드 대학 아동심리학 교수 댄 킨들런(Dan Kindlon)이 처음으로 정의한 용어다.

알파레이디 리더십 포럼 멘토 중에서 애니메이션 〈마당을 나온 암탉〉을 성공시킨 명필름 심재명 대표이사의 말이 매우 인상적이다.

"사람은 꽃과 같아서 피는 시기가 다르대요. 중·고교 때는 공부를 잘했는데 사회생활이 잘 안 풀리는 사람이 있고, 늦깎이인 사람도 있죠. 외모와 재능, 가능성이 다 달라서 꽃 피우는 시기도 달라져요. 사람마다 외모가 다르듯 가능성도 다르다는 것을 인정했으면 좋겠어요."

물론 사람마다 꽃이 피는 시기가 다르겠지만, 유독 여성이 높은 유리 천장(소수민족이나 여성과 같은 사회 내 비주류 세력이 조직에서 고위직으로 승진하지 못하게 하는 보이지 않는 벽)을 뚫지 못하는 이유를 우리는 잘 알고 있다. 여성이 사회생활을 하기에 불리한 제도나 환경, 그리고 출산과 육아를 도맡아 할 수밖에 없는 현실도 이에 한몫하고 있음은 물론이다. 남성 중심의 사회에서 여성이 홀로서기를 위한 돌파구를 찾아내기가 쉽지 않은 게 현실이다.

스웨덴 교육 전문가 황선준·황레나가 지은 《스칸디 부모는 자녀에게 시간을 선물한다》를 읽다 보면 행복 지수 세계 최고인 스칸디 부모들의 육아와 교육이 참으로 부러워진다.

스웨덴의 출산율은 우리나라의 2배에 달한다. 스웨덴 정부는 여성들이 일하면서 아이를 낳고 키울 수 있도록 제도적으로, 경제적으로 지원하고 장려한다. 충분한 유급 육아휴직 제도도 그중 하나다.

육아휴직 기간이 출산휴가를 포함하여 부부가 240일씩 총 480일이나 된다. 그런데 480일 중 아버지는 60일의 육아휴직을 사용하도록 되어 있다. 만약 아버지가 60일을 사용하지 않는다면 엄마는 420일만 사용할 수 있다.

내가 셋째 아이를 낳고 육아휴직에 들어간 1990년대만 해도 육아휴직이 무급이었기 때문에 이용하기가 쉽지 않았다. 또, 가계소득이 반 토막 나기 때문에 선불리 결정하기가 어려웠다. 육아휴직을 이용하지 않더라도 보육비 또한 만만치 않았다. 그때에 비하면 요즘 우리나라 육아휴직 제도는 많이 발전했다.

현재 만 8세 이하 또는 초등학교 2학년 이하의 자녀를 둔 모든 근로자는 최대 3년 동안 육아휴직을 사용할 수 있다. 고용보험에서 휴직 전 통상 임금의 40퍼센트를 지급하는 등 개선되고 있는 추세라서 육아휴직을 사용하는 비율도 차츰 높아지고 있다. 하지만 아직 선진국을 따라가기에는 멀기만 하다.

이런저런 사회적 문제로 출산과 육아가 여성들의 발목을 잡는 것이 사실이지만, 중요한 것은 이런 환경에서도 엄마라는 개인은 자신을 변화시키는 삶을 살아야 한다는 것이다. 물론, 워킹맘이 일과 가정에서 모두 완벽하기란 정말 힘들고 지금 하고 있는 일을 소화하기도 바쁘다는 것을 잘 알고 있다.

내가 아는, 경찰관이면서 작가인 워킹맘은 아이가 잠자고 난 뒤 남은 시간에 글을 쓴다. 내 아이가 어릴 때, 아이를 재우려고 누우면 나 자신이 먼저 잠들었다. 그저 하루하루가 고단할 뿐이었는데 어린 젖먹이 아이를 키우면서 또 '플러스 한 시간'을 내는 그 엄마가 참 대단하다는 생각이 들었다.

하루 24시간을 자세히 보면 나만의 시간, 즉 누구에게도 방해받지 않는 시간을 챙길 수 있다. 일반적으로 워킹맘이든 전업주부든 그들에게 공통된 시간이 아닌 그 외의 시간, 즉 틈새 시간을 찾을 수 있다. 엄마들은 그 시간 속에서 새로운 생각을 하고, 자신이 변화하는 삶을 살게 된다.

아이들과 집에 있으면 쓸고, 닦고, 청소하고, 빨래하는 등 온종일 집안일로 하루를 보낼 때가 많다. 말하자면 엄마 자신을 위한 시간은 없고, 온통 살림과 아이 뒷바라지에 에너지를 쏟는다는 말이다. 나는 이런 상황에 놓인 엄마에게 한 가지 제안을 한다. 살림과 육아를 하더라도 전문성을 살려 체계적으로 해야 한다고 말이다. 아이가 어린이집이나 학교에서 돌아오는 시간 내내 살림만 한다는 생각을 버려야 '플러스 한 시간'을 챙길 수 있다.

남편이 회사에 출근하고 아이가 어린이집에 가고 나면, '집안일'과 '자신만의 일'을 구별하여 시간 관리를 해야 한다. 예를 들면 오전 10시부터 12시까지 따로 나만의 시간을 떼어놓고 그 시간에는 가능한 청소나 설거지, 빨래를 하지 않는 것이 하나의 방법이 될 수 있다. 그렇게 되면 10시 이전이나 12시 이후에 시간을 최대한 효율적으로 사용하여 일을 끝내게 된다. 그러면 자연스레 자신만의 시간을 어떻게 활용할지 고민하고 연구할 수 있다.

말콤 글래드웰(Malcolm Gladwell)은 《아웃라이어》에서 "성공은 개인적 특성뿐 아니라 환경과 문화적 유산, 시·공간적 기회에 큰 영향을 받는다"라고 주장한다. 인간은 주변 환경에 영향을 받을 수밖에 없는 존재지만 동시에 영향을 줄 수 있는 존재이기도 하다.

'플러스 한 시간'을 확보할 수 있는 엄마는 특별하다. 하루 24시간이 어떻게 가는 줄도 모르고 몸이 부서져라 육아와 살림만 하는 엄마는 되지 말자. '플러스 한 시간'을 챙겨서 엄마의 꿈을 발견하고 키우는 데 사용하자. 꿈이 있는 엄마는 바로 시간을 사랑하는 엄마다.

나만의 무대를 세워라

영국의 소설가이자 비평가로 우리에게 잘 알려진 버지니아 울프가 있다. 그녀는 《자기만의 방》에서 여성이 작가가 되기 위해서는 자유의 문을 열 수 있는 두 가지 열쇠가 있어야 한다고 말했다. 그것만 있다면 여성 작가들 중에도 셰익스피어와 같은 인물이 나올 수 있을 거라고 주장한다. 그 두 가지 열쇠는 바로 '돈'과 '자기만의 방'이다.

여기서 울프가 말한 '자기만의 방'이란, 재능이 있는 여성이 남성에게 기대지 않고 사회생활을 하려면 돈과 자신의 활동에 방해받지 않는 독립적인 공간이 있어야 함을 뜻한다.

막내가 대학 기숙사에 들어간 올 3월부터 나는 '나만의 방'을 갖게 되었다. 책장과 커다란 책상을 사서 집필실로 꾸몄다. 결혼 이후 처음 부부 공용인 안방 말고 오롯이 '나만의 방'이 생긴 것이다.

4개의 책장에 책이 한 권 한 권 늘어날 때마다 밥을 먹지 않아도 배부를 것만 같다. 단지 좋아하는 책이 많아서가 아니다. 울프가 말한 "누구에게도 방해받지 않는 공간"이 있다는 점이 좋았다. 가끔 객지 생활하는 아이들이 오면 읽을 만한 책을 한 권 빼서 가져간다.

"엄마! 나 이 책 읽어도 되지?"

전에는 책이 굴러다녀도 별다른 반응을 보이지 않던 아이들이 엄마의 서재를 보며 부러운 모양이다.

엄마는 언제나 공부하는 사람, 책을 읽거나 글을 쓰는 사람이니 서재를 갖는 것을 당연하게 생각한다. 살림보다 책을 좋아해 아이들이 어렸을 때도 살뜰하게 보살펴주지 못한 적이 많아 미안할 때가 있다. 그럼에도 '엄마의 방'을 함께 기뻐해주는 가족이 있다는 건 얼마나 감사한 일인가?

《나는 까칠하게 살기로 했다》를 쓴 대인관계클리닉 원장 양창순은 〈세상을 바꾸는 시간, 15분〉 강연에서 인간을 움직이는 핵심 심리가 '나르시시즘', 즉 자기 사랑이라고 말한 적이 있다. 이 세상에서 자신이 가장 소중하고 귀한 존재로서 사랑과 인정을 받고 싶은 심리가 있다는 것이다.

엄마도 마찬가지다. 단지 가족을 뒷바라지하기만 하는 존재를 넘어 세상에 자신을 드러내고 인정받고 싶은 욕구가 당연히 생긴다. 이제 엄마들은 내면의 목소리에 귀 기울여서 가족의 그늘에 묻혀 있는 사람이 되지 말고 햇볕에 나와 당당하게 인생을 즐겨야 한다.

얼마 전에 모 일간지에서 '금혼 없어져 52년 만에 학사모…… 돌덩이 벗은 기분'이라는 제목의 기사를 읽은 적이 있다. 이화여대가 금혼 학칙을 폐지한 것은 2003년이었다. 1960년 국문과에 입학한 임자영(가명) 씨는 한 학기를 앞두고 결혼을 해서 졸업을 하지 못했다.

"늘 공중에 떠 있는 기분이었죠. 목적지가 분명 있었는데, 그 목적지 자체가 없어진 기분이랄까? 결혼한 것을 후회하지는 않았지만, 평생 큰 바위가 마음을 짓누르는 것 같았어요."

그녀는 학교가 문을 열어주자 2011년 예순아홉의 나이에 무려 5과목을 신청하고 공부해서 당당히 졸업장을 손에 쥐었다. 그리고 "졸업장이 인생의 뿌리를 안착시켰다"며 하고자 하는 의지가 있다면, 그래서 최선을 다하면 반드시 열매를 맺을 수 있다는 진리를 깨달았다고 고백했다.

그녀는 주위에서 "칠십이 넘어서 박사 할래?", "왜 사서 고생을 해?"라고 아무리 말려도 자신의 마음의 소리에 귀 기울였다고 한다. 박사가 되기 위해서 공부하는 것이 아니라 공부가 좋아서, 대학 졸업장이 갖고 싶어서 한 공부였기 때문이다.

일본 작가 후지와라 신야(藤原新也)가 "살면서 가장 두려워할 것은 너를 잃는 일"이라고 했다. 즉 나를 잃지 않기 위해서는 자신의 한계를 넘어서야 한다는 뜻이 아니겠는가.

한계라고 느꼈던 산을 넘으리라 작정하고 한 발자국을 내딛는 순간 젖 먹던 힘이 솟아오른다. 이제까지 못 보던 풀과 나무 그리고 새소리까지 귀에 들린다. 새로운 세상에 들어서는 기쁨이 용솟음치고 뇌 속에 세로토닌이 왕성하게 분비되어 만족감과 행복감을 준다.

'아, 내가 왜 진작 이 세상을 맛보지 못했을까?'

이런 생각이 머릿속에 가득해진다. 엄마의 성공이란 꼭 거창한 것이 아니더라도 내가 하고 싶은 일, 꼭 이루고 싶은 일을 하나씩 차곡차곡 해나가는 과정 아니겠는가? 가정이라는 작은 무대에 안주하지 않고 세상에 엄마의 존재를 소리쳐 알리는 일, 그것이 인정받고 싶은 엄마의 '나르시시즘'이다.

한국을 대표하는 앵커 백지연은 《무엇이 되기 위해 살지 마라》에서 세계은행 총재 김용의 말을 인용한 적이 있다. 김용은 자신이 어떤 자리에 오르는 것이 아니라 무엇을 해야 하는지를 고민했다고 한다. 우리는 자칫 '무엇을 해야 하는가?'보다 '무엇이 돼야 하는가?'라는 고민에 더 집착하기 쉽다. 하지만 내가 좋아하고 즐기는 일을 한다면 그것이 최고의 성공이다.

나만의 무대를 세워라. 청중이 손뼉을 치고 환호를 해주지 않아도 상관없다. 무대 뒤에서 배우들의 뒤치다꺼리를 하다가 시간을 보내느니 나 혼자만의 무대를 갖는 것이 낫다. 마음껏 엄마의 끼와 재능을 펼치다 보면 눈길을 주는 사람이 나타나게 마련이다. 그래서다. 인생 후반부 엄마의 인생은 즐겁다.

"나이, 결혼, 아이 등의 이유로 엄마는 꿈을 잃어버렸다고 하지만, 그것은 핑계입니다. 오히려 가족 모두에게 엄마가 꿈을 찾는 열정적인 모습을 보여주어야 해요. 엄마가 꿈을 찾아가는 과정에서 오히려 가족이 엄마의 삶을 더 응원하는 것을 자주 봐요. 자식에게 떳떳한 부모, 자식에게 돈보다 더 중요한 가치를 물려주고 싶은 부모가 되기를 원한다면 당당히 공부하세요."

Part 4

공부하는 엄마들의 분투기

눈덩이를 굴리는 방법은 공부

플라워몰 대표 · 플로리스트 | 이해원

이해원 플라워몰 대표가 제주도에서 전 재산 300만 원으로 꽃집을 운영하기 시작한 지 21년이 되었다. 꽃이라곤 장미, 안개, 프리지어 정도밖에 모르던 그녀가 남편과 함께 꽃집을 창업한 것은 항상 예쁜 꽃과 함께하는 일이 고상할 것이라는 생각에서였다. 하지만 꽃집 일은 하루에도 수십 번씩 무거운 화분을 옮겨야 하고, 수백 송이 꽃을 꺾고 꽂으며, 거기서 나오는 엄청난 쓰레기들을 처리해야 하는 등 만만치 않은 중노동이었다. 또한 30만 원을 주고 산 폐차 직전의 트럭으로는 꽃 배달조차 여의치 않았다.

그렇게 작은 꽃집으로 시작한 그녀가 10년 만에 제주시에 5층 빌딩을 짓고 플라워몰의 대표가 되었다. 고졸이라는 학력 콤플렉스를 갖고 있었던 그녀는 32살에 아기를 키우면서 제주대학교 경영학과 야간 과정에 진학해 6년 만에 경상대를 수석으로 졸업했다.

그녀는 현재 경영학 박사과정을 밟고 있으며, 《버킷리스트 2》, 《책을 쓴 후 내 인생이 달라졌다》 등 공저로 두 권의 책을 출간하였다.

꽃집을 하면서도 꽃에 대해 문외한이었기에 그녀는 꽃과 원예에 대해 꾸준히 공부했다.

2010년에는 전국기능경기대회에 제주도 대표 선수로 출전하기도 했으며, 지금은 엄연한 대한민국 국가 공인 화훼장식기사다. 한국꽃꽂이협회 사범으로도 활동하고 있고, 네덜란드 CEF(Certificate of European Florist) 과정과 영국 폴라 프라이크 인텐시브 코스(Paula Pryke Intensive Course)를 수료하여 해외에서도 인정받는 플로리스트가 되었다.

그녀는 플라워몰의 대표로 2007년 '인터넷 전자 상거래 대상' 2010년 '소비문화학회 뉴프런티어 상' 등을 수상하기도 했다. 또한 대학 교과서인 《창업과 경영》과 《민생경제 희망 찾기 성공 스토리》에 소상공인 성공 스토리의 좋은 사례로 수록되어 방송에 소개되자 기업과 대학에서 특강 요청이 쇄도하기도 했다. 현재 그녀는 제주에 본원을 둔 '리치스쿨'이라는 경제 모임에서 부와 경제에 대한 마인드와 '가치 투자'에 대한 지식을 키워가고 있다. 그야말로 그녀의 공부와 도전은 끝이 없다.

내가 처음 그녀를 만난 것은 '책 쓰기 학교'라는 인터넷 카페 모임을 통해서다. 모임에 참석하고 여러 강의를 들으러 제주도에서 비행기를 타고 매주 또는 한 달에 한 번씩 서울로 올라오는 그녀의 열정이 놀라웠다. 나는 카페에서 사용하는 그녀의 닉네임인 '뉴리치'의 뜻이 무엇인지 궁금했다.

"'뉴리치'란 《4시간》의 저자 티모시 페리스(Timothy Ferriss)가 소개한 개념으로 은퇴 이후 생활을 위해서 현재를 희생하지 않고, 평생 일하면서 사이사이 미니 은퇴 기간을 만들어 현재의 인생을 즐기는 사람들을 말해요. 먼 미래가 아닌 현시점에서 럭셔리한 라이프스타일을 창조하는 사람이지요."

그녀는 확실한 비전을 갖고 살아가는 사람이다. 사실 정확한 비전이나 삶의 목표를 갖고 살아가는 사람은 많지 않다. 그녀의 삶을 열정적으로 이끄는 것은 거창한 구호가 아니라 단지 꿈에 그치지 않고 그것을 현실로 옮기는 실행력이다.

"제가 만일 공부를 계속하지 않았더라면 저는 한낱 꽃집 아줌마에 불과했을 것입니다. 그러나 학교에 다니고 끊임없이 자기계발을 하면서 꿈을 찾아가고 있는 저를 발견하는 것은 힘들긴 했지만 기쁨을 주었고, 어려운 시절 희망을 품고 살아가게 하는 동기부여가 되었습니다. 공부를 통해서 내가 좋아하는 일이 무엇인지, 무엇을 하면서 살고 싶은지 등을 알았어요. 그것이 바로 300만 원으로 시작한 꽃집 아줌마가 500여 가맹점을 둔 프랜차이즈 본점 대표로 변신할 수 있었던 비결이지요."

최근엔 '부'에 대한 공부로 자신의 비전을 업그레이드하고 있다. 또한 자신의 경험담인 플라워몰 창업 이야기를 《300만 원으로 꽃집 창업, 10년 만에 빌딩 짓기》라는 제목의 책으로 냈다. 그녀는 이후에도 더욱 많은 책을 읽고 공부하여 '부와 성공'에 대한 책을 쓰고 강사로 살고 싶다고 마음을 다잡는다.

그녀의 삶은 전 세계에 1만 9,972개의 매장을 갖춘 스타벅스 CEO인 하워드 슐츠를 닮았다.

하워드 슐츠는 초기엔 원두 유통 업체부터 시작했다. 그는 사원 시절 이탈리아 주방용품 박람회에 참여한 것을 계기로 이탈리아의 커피 문화를 경험한다. 그곳에서 그는 사람들이 커피숍 바에 앉아 자유로이 이야기하는 것에 영감을 얻어 커피 전문점을 시작해 대성공을 거두었다.

'투자의 귀재' 워렌 버핏은 《눈덩이(*The Snowball*)》에서 자신의 성공 비결을 다음과 같이 설명했다.

"복리는 언덕에서 눈덩이를 굴리는 것과 같다. 작은 덩어리로 시작해서 눈덩이를 굴리다 보면 끝에 가서는 정말 큰 눈덩이가 된다. 나는 14세 때 신문 배달을 하면서 작은 눈덩이를 처음 만들었다. 그 후

56년간 긴 언덕에서 그 눈덩이를 아주 조심스럽게 굴려왔을 뿐이다. 삶도 눈덩이와 같다. 중요한 것은 잘 뭉쳐지는 습기를 머금은 눈과 진짜 긴 언덕을 찾아내는 것이다."

세계적인 투자자도 저절로 되는 것이 아니라 눈덩이를 조금씩이나마 굴리는 작업이 필요했다. 작은 덩어리로 시작해서 큰 눈덩이가 되기까지 버핏은 관련 책을 모조리 암기할 정도로 공부했다. '눈덩이' 원칙이 비단 주식 투자에만 적용되는 것은 아니다. 이해원 대표도 꽃집이라는 자신에게 주어진 눈덩이를 키워나갔고 마침내 플라워몰의 대표가 되었다. 그녀의 첫인상은 온화하고 나이보다 십 년은 젊게 보인다. 나이도 잊을 만큼 현실에 푹 빠져 매일 도전하고 공부하는 그녀의 생활은 '뉴리치'에 더욱 가까워지고 있음을 알 수 있다.

결혼 전에 그녀는 신문사 편집부에서 편집 일을 한 적이 있다. 결혼 후 남편의 사업 악화로 아무런 연고도 없는 제주에 내려가 남편과 함께 사업을 성공적으로 일구어낸 원동력은 다름 아닌 '배움'에 대한 욕구였다. 창업한 지 두 해 만에 딸을 낳았는데 그 바쁜 와중에 야간대학에 들어가서 공부하는 생활을 계속했다. 꽃집 경영자와 학생, 그리고 아내와 엄마의 역할을 모두 해내야 했던, 그야말로 전쟁과 같은 삶이었다고 그녀는 고백한다.

그녀는 자신의 삶에서 오는 모든 문제나 위기를 기회로 바꾸며 여기까지 왔다. 야간대학을 다닐 때, 남편이 저녁에 약속이 있으면 5살 딸 서진이와 함께 야간 수업 4시간을 꼬박 수강했다.

그녀가 앞자리에서 공부하는 동안 딸은 뒷자리에서 과자를 먹거나 그림을 그렸다.

어려움 속에서도 꽃집 창업으로 성공을 일구어낸 이해원 씨는 지금은 자신의 삶을 자신이 하고 싶은 일, 좋아하는 일로 가득 채우고 있다.

그의 인생 목표는 '2020년까지 블루로즈 드림하우스를 건립하여 꿈과 비전 그리고 정보와 지식을 공유하는 나눔의 공간을 만들고 뉴리치의 역할 모델이 되는 것'이다. 블루로즈의 꽃말인 '불가능을 이루는 기적'이라는 뜻답게 이해원 씨는 오늘도 제주도에서 맨몸으로 기적을 만들어내고 있다. 그녀를 보면서 생긴 나의 바람이 하나 있다. 그녀의 배움에 대한 이와 같은 열정과 도전 정신이 모든 엄마들에게 전해졌으면 한다.

공부로 인생을 경영하다

현 서울 탑산 초등학교 교장 | 안정희

그녀와 나의 인연은 좀 특별하다. 그녀를 처음 만난 곳은 지금으로부터 약 30년 전, 서울에 있는 한 초등학교에서였다. 그녀와 나는 같은 학년을 가르쳤을 뿐만 아니라 같은 동네에 살았고, 그 해 한 달 간격으로 결혼했다. 그리고 두 살 터울로 두 아이를 출산한 것도 비슷하다.

결혼과 출산을 경험한 당시, 좌충우돌하며 워킹맘의 길을 가는 나에 비해 그녀는 항상 여유가 있었고 안정적이었다. 물론 그녀라고 해서 아무 문제가 없었던 것은 아닐 테지만, 내 기억 속의 그녀는 늘 따스한 미소를 띠고 있었다. 자신에게 주어진 일은 항상 긍정적으로 받아들이고 학급이나 학교의 모든 일에도 최선을 다했다.

그녀가 초등교육에 몸을 담은 것은 다른 사람에 비해 다소 늦은 편이다.

강원도 인제, 내설악에서 태어나 초등학교 1학년 때까지 직업군인이었던 아버지를 따라 시골 학교에 다녔다. 그 이듬해, 교육열이 남달랐던 어머니와 함께 서울로 와서 별다른 부족함 없이 유복한 환경에서 자랐다. 하지만 그녀가 중학교 때, 군에서 퇴직한 아버지가 사업에 실패하고부터 가계가 경제적으로 어려워졌다.

인문계 대신 실업계 고등학교에 진학한 그녀는 졸업 후 약 4년간 무역회사에서 근무했다. 하지만 교사가 되고자 하는 어릴 적 꿈을 버릴 수 없어 회사를 퇴직하고 다시 입시에 도전했다. 교육대학을 합격하고 그녀의 간절한 꿈은 열정적으로 타오르기 시작했다.

내가 서울을 떠나 구미로 이사 온 후로는 서로 바빠 연락이 뜸했다. 교육대학원에 입학하여 공부를 계속하고 장학사가 되었다는 소식을 듣긴 했다. 그러다 나의 두 번째 개인 저서《엄마는 아이의 미래다》의 출간을 계기로 다시 만남이 이어졌다. 인터넷에서 그녀의 이름을 발견한 나는 그녀에게 내 사인이 담긴 책을 보냈다. 그녀는 자신이 근무하는 초등학교 학부형 강연회에 나를 초대했다.

안정희. 그녀는 다른 몇 개의 직함을 거쳐 초등학교 '교장'이 되었다. 초등학교 교사, 교감, 장학사에 이어 어렵다는 교장 공모에 당선

되어 서울의 명문 등마초등학교에서 교장으로서 교육열을 불태우고 있었다. 거의 이십 년 만에 강연 차 학교에서 그녀를 만나기 전 나의 상상은 이러했다. 사방에 자동차 소리가 울리는 서울 시내 한복판에 있는 학교는 시끄럽고 어수선하다. 온통 아이들의 목소리로 왁자지껄하고, 교장 선생님은 가끔 복도를 순시해도 아이들은 보는 둥 마는 둥한다.

이제 학교에 발을 디딘 지 30여 년, 이제는 선생님들만 잘 따라주면 편안하게 정년까지 지낼 수 있다. 교장실에서 아메리카노 한 잔을 마시며 혼자만의 시간을 느긋하게 즐길 만큼 여유롭다. 가끔 직원회의 때 교사들이 해이해지지 않도록 약간 긴장감 있는 훈시만 잘하면 만사형통이다.

이러한 그녀의 교장 생활에 대한 상상은 그야말로 상상에 불과했다.

학교에 도착하자 눈앞에 펼쳐진 교정 풍경이 일순간에 내 상상을 깨뜨려버렸다. 교정은 버스 차로에서 약간 안쪽에 위치해 앞쪽은 아파트 단지, 양옆과 뒤쪽은 산으로 둘러싸여 있어 조용하고 아늑하기 그지없었다. 교문에서 본관 쪽으로 이어지는 양옆으로는 아름다운 꽃이 줄지어 피어 있었다. 입구에 붙어 있는 현수막이 이 학교가 어떤 학교인지 말해주었다.

'전국 100대 교육과정 우수 학교로 교육장 표창'

'2013학년도 학교평가 우수 학교로 교육감 표창'

교장실에서 반갑게 만난 안정희 교장 선생님, 그녀는 세월이 비켜 간 듯 여전히 편안한 미소와 감미로운 목소리로 나를 맞아주었다. 교장실과 교무실은 활짝 문이 열려 있었고, 학교 구석구석은 엄마의 손길이 스쳐간 것처럼 세심하게 가꾸어져 있었다. 그녀는 교장이 된 뒤에도 여전히 바빴다. 학생들에게 독서나 진로 특강을 하고, 지난 방학 때는 아프리카로 교육 봉사를 하러 갔다.

"전 아이들과 늘 함께하는 것이 정말 행복해요. 매주 한 시간 이상은 전 학급에 가서 꿈이나 진로 등에 관한 특강을 해요. 그래서 웬만한 아이들은 다 알죠. 이름을 다 기억하지는 못해도 교실에서 얼굴을 익히니까 친근감이 있어요."

그녀에게 학교란 그녀를 성장시키고 더욱 공부에 매진하게 하는 엄마의 탯줄 같은 곳이다.

학교 뒤 운동장에 있는 야생화는 그녀가 학교를 얼마나 사랑하고 있는지를 보여주었다. 올려다보면 온갖 나무들에 둘러싸여 있는 야산이 있고, 뜰에는 그녀가 여기저기서 캐어 심어놓은 여러 야생화들의 향기가 그윽했다.

학교 안에 그녀의 손길이 미치지 않은 곳이 없을 정도로 그녀는 부지런한 교육자였다.

그녀는 엄마의 의식을 깨우기 위해 좋은 프로그램이나 학부형 연수를 분기마다 열고 있었다. 엄마는 자녀의 가장 훌륭한 지원자이기 때문에 엄마가 먼저 배우고 꿈을 이루라고 그녀는 말했다.

"가끔 엄마들을 보면 자신의 꿈을 아이에게 강요하는 경우가 많아요. 아이는 아이 고유의 적성과 꿈이 있는데 꿈을 접은 엄마들이 그 꿈을 아이를 통해 실현하려는 것을 봐요. 전 엄마가 먼저 자신의 꿈을 이루라고 말하고 싶어요. 엄마 자신이 꿈을 이루기 위해 노력하는 과정을 보면서 자녀도 함께 성장하고 발전하게 되거든요.

《약해지지 마》라는 시집을 펴낸 일본 할머니 시바타 도요(柴田トヨ)를 보면 누구에게도 시작하기에 늦은 때란 없다는 것을 알 수 있어요. 99세에 시집을 내면서 자신의 책이 번역되어 세계 사람들에게 읽히는 것이 꿈이라고 말한 그녀의 바람은 한국에서 가장 먼저 실현되었죠. 엄마들이 아이에게 공부하라면서 자신은 공부를 포기하는데, 자신의 인생을 더 다독이라고 말하고 싶어요."

그녀 또한 배움에 끝이 없다. 상담학을 전공한 그녀는 앞으로 깊이 있는 상담 공부를 더 하고 싶고, 특히 진로 상담 분야에서 봉사하고 싶다고 말했다. 그녀는 알고 있었다. 공부가 얼마나 인생을 풍요롭게 하고 가슴 뛰게 하는지를, 나를 얼마나 성장하게 하고 발전하게 하는지를.

그녀는 공부하는 인생을 살아왔고 공부로 자신의 인생을 경영해왔다. 그래서 교장이 된 뒤에도 책을 놓지 않고 공부를 게을리하지 않았다. 그래서 그녀는 행복했다. 그녀와 함께하는 교사, 학부형, 학생들 모두에게 행복 바이러스를 전파한 그녀, 그녀와 함께한 모든 이가 잃어버린 꿈을 찾기 위해 다시 공부하는 사람이 되리라는 것은 나만의 착각이 아닐 것이다.

혼자만의 작은 세상을 만들어라

수필가 | 김재용

처음 그녀의 이름을 접한 것은 블로그를 통해서다. '나무'라는 필명으로 블로그를 운영하는 결혼 33년 차 엄마인 그녀의 글 중에서 내가 오래 기억하는 것이 하나 있다.

〈기대치를 낮추면 행복 지수가 올라간다〉는 제목의 글이었는데, 그녀가 처음 자신의 방에 책상 하나를 놓고 자기만의 공간을 만든 이야기가 나온다.

> 나는 남편에게 바라는 것이 많았다. 결혼 때문에 하고 싶었던 공부도 더 하지 못했고, 직장 생활도 접었고, 친구들 만나 노는 일도 포기했으니 그런 만큼의 보상을 남편이 해주어야 한다고 생각했다.

막상 결혼하고 보니 매일 술 먹고 늦게 들어와 소리 지르는 일이 다반사, 따뜻한 말 한마디, 따뜻한 손길을 기대했던 나는 번번이 좌절했다.

'남편 바라기'로 살던 어느 날, 남편에 대한 기대치를 낮추지 않으면 어쩌면 불행한 결혼 생활을 할지 모른다는 위기감이 들었다. 남편을 졸라 우리 방에 책상 하나를 사다 놓았다. 내 공간에서 책도 읽고 일기도 쓰다 보니 내 자아가 조금씩 자라는 것이 느껴졌다.

남편에 대한 기대치가 줄어든 만큼 나는 조금 더 자유로워졌다. 그제야 나만의 공간이 있다면 남편에 대한 기대도 줄일 수 있다는 걸 알게 됐다. 상대방에게 기대는 순간 내 삶은 힘들어진다. 기대가 크면 실망도 크다는 말은 만고불변의 법칙이다.

굴다리 밑 가구점에서 산 책꽂이가 달린 책상을 방에 갖다놓으니 방문이 반쯤만 여닫혔다. 그녀는 자신만의 공간에서 글을 쓰면서부터 남편의 귀가 시간을 덜 기다리게 되었다. 그러자 외로움 대신 자신이 단단해지는 작은 기쁨을 느꼈다. 책상에 앉아 책을 읽고 글도 쓰면서 혼자서 잘 놀고 잘 사는 법을 익혔다. 시어머니와의 갈등도, 남편에 대한 불평도 어느새 저만치 사라져갔다.

그녀의 글은 나의 마음을 감동시키기에 충분했다. 마치 한 편의 소설을 읽는 것처럼, 때로는 한 편의 시를 음미하는 것처럼 잔잔한 울림을 주었다. 글 속에서 그녀가 가족에게 기대지 않고, 가족을 따뜻하게 배려하려는 진심이 느껴졌다.

초등교육과 2년 공부를 끝으로 23살의 어린 나이에 시어머니를 모시며 산 그녀는 다시 공부가 하고 싶었다. 하지만 남편이 대학원 공부를 하게 되면서 자신의 공부를 포기하는 대신 '여행도 공부' 라는 생각으로 30여 개국 50개 도시를 여행했다. 호기심과 배움에 대한 갈증으로 마흔 무렵에는 어학연수를 가고, 인테리어 학교와 여행 작가 학교에 다니기도 했다.

그녀의 배움에 대한 열정은 나와 비슷하다. 중년에 와서 책을 출간한 점도 닮았다. 하지만 30여 년간 초등학교 울타리에서 맴돌던 나에 비해 그녀의 인생 경험은 다양했다. 옷가게와 카페를 운영하고 여행지를 다녔던 경험이 쌓여, 그녀의 글은 깊고 진솔함이 묻어난다. 그녀의 글을 읽고 있노라면 지난 내 추억의 한지에 잔잔한 그리움이 저녁 노을처럼 물들어온다.

다음은 그녀의 블로그에서 따온 글이다.

> 배롱나무 잎은 단풍이 채 들기도 전에 푸른빛을 띤 채 조금씩 천천히 가지를 벗어나고, 내 방 창가에 서서 그날의 날씨를 알려주던 굴참나무도 노란 색종이처럼 물들었다. 빨간 단풍나무는 마치 붉은색

수채화 물감을 풀어 그라데이션한 듯 뒤로 갈수록 점점 색이 진하다. 어떤 빨간 꽃보다 더 진한 황홀한 빛으로 붉게 탄다. 단풍이 꽃보다 더 아름답다고 느끼는 것은 버려야 할 때를 아는 나이가 됐다는 의미일까.

– 김재용, 〈가을 아침 풍경〉

블로그에서만 보던 그녀를 카페에서 처음 만났을 때, 그녀에게선 오십 대 중반의 나이가 믿어지지 않을 만큼 젊고, 지적인 분위기가 느껴졌다. 카키색 셔츠에 화사한 스카프로 분위기를 낸 스타일에서 나는 그녀가 소소한 것에도 의미를 부여할 줄 아는 사람이라고 생각했다.

“엄마가 공부해야 하는 이유요? 아이가 한 살이면 엄마도 한 살, 아이가 열 살이면 엄마도 열 살이나 마찬가지지요. 아이가 공부하지 않으면 정신적으로 성장할 수 없듯이, 엄마도 공부하지 않으면 성장이 멈출 수밖에 없어요. 아이가 자라는 것처럼 엄마도 정신적으로 자라야 하므로 늘 공부해야 한다고 생각해요. 살아가는 것 자체가 공부라고 생각하면 사는 것이 모두 호기심 천국이 아닐까요?

자신의 잃어버린 꿈을 찾기 위해 공부해야 해요. 꿈은 지루한 일상을 새롭게 바꾸어주는 마법의 도구지요. 꿈이 없으면 일상이 지루하고 비루할 수밖에 없어요. 작은 꿈이라도 이루어본 사람은 알지요. 꿈을 이루고 나면 얼마나 행복한지. 작은 꿈이라도 꾸어보고 그 꿈을 이루어 보세요. 세상이 달리 보여요. 꿈이 있어야 퍽퍽한 인생에 물기가 돕니다."

이후《엄마의 주례사》가 출간되었다는 소식을 들었다. 사랑에 서툴고, 결혼이 낯선 딸에게 먼저 여자로 살아본 엄마가 결혼하는 딸에게 전하는 에세이다. 분홍색 표지에 드레스가 그려진 예쁜 디자인처럼 그녀의 섬세한 감성과 부드러움이 녹아든 따뜻한 책이다.

그녀가 서른 즈음의 딸에게 하는 조언은 비단 서른뿐 아니라 그녀가 마흔, 쉰이 되어도 두고두고 오래 곱씹어볼 만한 것들이다. "배우는 사람에게는 삶이 즐거움이고 내일이 밝음이다"라는 그녀의 말에 나는 전적으로 동감한다.

나도 가끔 내가 한 명 더 있었으면 하는 생각을 한 적이 있다. 그녀는 자신이 열 명쯤 있었으면 좋겠단다. 그런데 그가 열 명이었으면 하는 이유가 모두 공부와 관련돼 있다니 정말 놀라울 따름이다.

"새로 공부하기 시작한 시네마 잉글리시에 한 명, 고전과 인문학 강좌에 한 명, 야생화 공부하며 들로 산으로 쏘다니기에 한 명, 숲 해설사 강좌에 한 명, 캘리그래피 강좌에 한 명, 아무것도 먹지 않고 종일 도서관 구석에서 책만 보는 데 한 명, 해 뜰 때부터 질 때까지 소설 쓰기에 매진하는 데 한 명. 나는 한 명뿐이고 하루 24시간은 정해져 있는데 하고 싶은 것은 왜 그리 많은지."

내 것이 없는 삶이라고 쓸쓸해하던 어느 순간, 이렇게는 안 되겠다고 다른 삶을 상상하다가 문득 그녀는 자신을 성장시키고 가슴 뛰게 하는 것은 오로지 공부밖에 없다는 걸 깨달았다. 사는 게 시들하다가도 뭔가를 배울 때가 제일 즐겁고 전기 배터리를 꽂은 듯 다시 힘이 생겼다.

그녀의 배움에 대한 열정과 꿈은 아직도 진행형이다. 앞으로 문예창작과에 편입해서 문학을 제대로 공부하고 싶단다. 또 외국에 6개월 정도 머물면서 영어 공부도 더 하고 싶은 꿈이 있다. 1년에 에세이 한 권씩 쓰기와 단편소설 쓰기라는 계획도 있다.

《여자에게 공부가 필요할 때》의 저자 정애리는 나이 앞에 두려움을 느끼는 모든 여자에게 "시작하기에 가장 적합한 나이는 '지금'이라는 나이"라고 말한다. 김재용, 그녀는 나이를 잊고 사는 여자임이 틀림없다.

그녀는 알고 있다. 엄마가 되어도 자신에게 맞는 것을 찾으려면 계속 공부해야 한다는 것을 말이다. 그녀는 자신이 정말 무엇을 원하는지, 무엇을 하고 싶은지 생각만 할 뿐 시도하지 않는다면 아무리 훌륭한 꿈이라도 무용지물이라고 말한다.

일상에서도 무언가를 자세히 바라보면 그 모든 것에서 배울 게 있다는 그녀. 매일 공부하며 행복해하는 그녀의 모습이 내게 오랫동안 여운으로 남을 것 같다.

고난 중에 치유상담학을 만나다

가족상담사 | 정안순

같이 있으면 편안한 사람, 부담이 없는 사람이 있다. 남보다 뛰어난 전문성을 갖추고 지도자의 위치에 있으면서도 마치 옆집 친구처럼 심리적 경계선을 무너뜨리는 사람, 가족상담사 정안순 씨가 꼭 그렇다. 그녀의 강의를 듣고 있으면 저절로 몰입이 되고 마음이 즐거워진다.

정안순 씨는 키는 작지만 당찬 엄마다. 어디서 저런 열정이 나올까 싶게 힘이 있고 사람의 마음을 움직이는 특별함이 있다. 가족 상담에 대한 강의를 듣다보면 미지의 바다에 빠져드는 것 같다. 그동안 수수께끼처럼 풀리지 않던 인간관계의 갈등이 '아, 그렇구나.'로 바뀌면서 힘들었던 나를 다독이게 된다.

쉬는 시간에 그녀와 잠깐 이야기를 나누었다. 나도 상담을 전공했기 때문에 쉽게 다가갈 수 있었지만 단 1센티미터의 거리도 느끼지 못할 만큼 그녀의 미소와 말은 매우 부드러웠다. 그 하나만으로 그녀는 상담가로 손색이 없고, 자질을 갖춘 사람이라는 것을 직감적으로 느꼈다.

그녀에게는 따뜻함과 진정성이 동시에 묻어난다. 상담 전문가답게 상대방의 생각을 존중하는 공감 능력을 충분히 갖춘 사람이다. 단지 가족치료학에 대한 이론이나 방법을 지식적으로 전수하는 교수가 아니라, 그녀의 삶이 곧 상담이라고 할 만큼 그녀에게서는 삶과 말의 어떠한 괴리도 발견할 수 없다는 것이 그저 놀랍다.

내가 맨 처음 그녀의 이름을 접한 것은 월간《기도수첩》의 〈마음읽기〉라는 기고문에서였다.

몇 해 전부터 연재되고 있는 이 글은 그녀가 지방법원 협의이혼 상담위원으로 일하면서 겪은 가정 문제, 즉 부부 문제와 자녀 문제에 대한 실제 상담 사례다. 그녀의 글에는 항상 빠지지 않는 주제어가 있다. 바로 '이해와 공감을 위한 상처의 치유' '부모의 공감과 감정' 등이 그것이다. 갈등 관계에 있는 부부들 중에는 상처가 비슷한 사람이 만나 서로의 상처를 주고받는 경우가 많다고 그녀는 말한다.

"어린 시절에 생긴 수치심과 두려움 등 내면의 상처는 대개 자존감의 결여와 연결되어 있습니다. 성장 과정에서 적절한 욕구 충족이 이루어지지 않으면 건강한 자아를 발전시킬 수가 없고 과장된 자아 또는 상호 의존적인 자아로 발전하게 됩니다. 결국 낮은 자아 존중감을 가지게 되어 자신을 부족하게 느끼고 자신의 가치를 무시하게 됩니다.

어린 시절의 치유되지 않은 상처와 부정적인 감정, 특히 부모님과 관련된 서운함, 원망, 분노, 불안과 두려움, 수치심 등의 부정적인 기억과 상처는 이후 타인과의 관계로까지 확장되어 부부간의 불화나 대인관계 갈등의 원인이 되기도 합니다."

사실 정안순 씨는 견디기 힘든 고통을 겪었다. 겉으로 보기에는 고생이라곤 안 해본 것 같은 밝은 얼굴과 달리, 몇 해 전만 해도 그녀의 인생은 눈만 뜨면 뼈를 깎는 것 같은 고통의 시간이었다. 결혼 후 학원을 운영했었는데 초등학생 한 명이 불의의 사고로 식물인간이 된 사건을 겪었던 것이다.

우리는 살다 보면 예기치 못한 일을 겪는다. 날마다 우리가 사는 삶 자체가 문제로 구성되었다고 해도 과언이 아니다.

사람들은 말한다. 발칸 장미는 가장 춥고 어두운 시간에 가장 향기로운 향을 뿜어내고 가장 아름다운 소리를 내는 명품 바이올린을 만드는 데 쓰이는 나무는 로키 산맥 해발 3,000미터 수목한계선에서 매서운 바람을 견디며 자란다고.

인생도 마찬가지다. 예방 주사를 맞은 사람이 질병을 이길 면역력을 가진 것처럼, 고난의 시간을 견딘 사람은 더욱 단단해진다. 그녀는 사람들의 말을 증명하듯, 그 고통스런 시간의 끝에서 자신이 해야 할 일을 발견했다.

"전 재산을 털어 보상을 하고 나니 경제적 상황은 더욱 어려워졌지요. 아무것도 할 수 없다는 절망과 좌절 속에 신앙을 붙잡았고, 뒤따르는 결단으로 상담을 공부했습니다. 이러한 상황이었기에 인생의 위기에서 시작한 공부에 더욱 올인할 수 있었어요. 그래서 인생 최고의 위기를 계기로 오히려 인생의 주관자 되신 하나님께 이끌리게 되었고, 그것이 상상조차 못했던 인생 역전의 전기가 되었다는 생각이 듭니다."

아픔을 겪으며 그녀는 더욱 성숙해졌다. 다른 사람의 아픔에 더욱 공감할 줄 아는 사람이 되었다. '생명이란 무엇일까?'라는 깊이 있는 호기심도 그 즈음에 생겼다. 이전까지 그냥 지나쳤던 모든 것이 그녀에게 새롭게 보였다. 삶의 벼랑 끝에서 포기하고 싶었던 그때, 그녀는 새로운 세상과 마주했다.

그녀는 모든 것을 정리하고 온 가족과 함께 몇 년간 이라크에 가 살았다. 이라크에서 돌아온 후에는 상담 공부에 뛰어들었다. 40대에 석사, 박사 과정을 통해 가족 치료와 치유 상담을 공부했고, 50대에는 상담, 강의 등을 통해 본격적으로 현장을 누볐다.

하지만 공부하면서도 어려움은 계속되었다. 외동딸이 해외에서 유학 중이었기 때문에 시간적인 여유가 있었지만, 학교 정규 수업 외에 상담 관련 각종 전문 강의를 받느라 비용이 만만치 않게 들어갔다. 그녀의 말에 의하면 집 한 채 값을 너끈히 날렸다고 한다. 하지만 가족들의 헌신으로 무사히 과정을 마칠 수 있었다.

'뜻이 있는 곳에 길이 있다'는 말처럼 그녀가 가는 모든 길이 '성장'이었다. 그녀는 자신보다 더 아픈 사람들의 마음을 다독이며 그들을 행복한 삶으로 안내하는 인생의 전도자가 되었다.

그녀는 매일, 매주 상담을 하며 그들의 이야기를 듣는다. 그들의 아픔을 공감하고 진정한 자유와 치유를 경험하도록 안내한다. 상처 입은 다른 많은 가족들을 치유하기 위해 그녀는 가녀린 몸으로 쉴 틈조차 부족하도록 일하지만, 그녀는 말한다. 행복하다고.

"엄마가 공부하는 이유요? 부모라면 누구나 상담 공부를 해야 해요. 부모와 자녀 간의 갈등, 부부 간의 갈등을 보면 결국은 어릴 때 양육된 환경, 즉 부모와의 애착 관계에서 오거든요.

분석심리학자 융의 말에 의하면 40대는 자기 통합을 이루고 자기를 찾는 시기라고 해요. 40대가 되기 전에 엄마가 자기 삶을 들여다보고, 심리적인 정서 상태를 점검하는 것은 매우 중요해요. 현재 우리 가정의 대부분은 역기능 가정이라고 해도 과언이 아닙니다. 단 2 퍼센트만이 정상적인 가정이라고 보면 돼요. 다른 사람을 불편하게 하지 않고 의미 있는 대인 관계를 잘 맺는 사람이 되어야 부부나 자녀와의 관계도 안정적으로 유지되는 거예요."

그녀는 결국 부부나 자녀 간의 갈등이 자신의 무의식과 관련이 있다고 본다. 어릴 때 무의식 속에 있던 심리 정서가 자신도 모르는 사이 삶 속에서 뿜어져 나온다는 것이다.

예를 들면 "집에 들어오면 신발을 가지런히 모아놓아야 한다"는 말을 듣고 자란 사람은 신발이 흩어진 것을 보면 무의식 중에 불편한 감정이 생긴다. 만약 이런 사람이 신발이 가지런히 있지 않아도 아무렇지 않아 하는 상대방과 같이 살게 되면 갈등이 일어날 것이다. 모든 갈등은 이런 사소한 것에서 시작된다.

공부를 하면 이러한 역기능 가정에서 빠져나오는 데 도움이 된다. 가까운 평생 학습 센터에서 상담 관련 강좌나 자격증 과정을 수강해 보면 내가 무엇을 배워야 할지 보다 구체적으로 알 수 있을 것이다. 개중에는 대학원에 진학하여 전문가로 우뚝 서는 엄마도 종종 있다.

그녀의 행보는 여기서 그치지 않는다. 그녀의 꿈은 또 하나가 있다. 청소년 치유 사역에 헌신한 일꾼들과 함께 청소년 치유 상담 문화센터를 만들고 싶단다. 대한민국 청소년이 티끌 없이 무럭무럭 성장해서 21세기의 주역으로 자라날 수 있도록 기도한다는 그녀, 그래서 청소년들과 그 가족들의 상처를 보듬고 치유하는 데 도움이 되는 프로그램을 운영하는 것은 그녀의 오랜 소원이다.

구체적으로, 그녀는 '결혼 예비 커플 훈련 프로그램'을 만들어 부모가 되기 전에 자신을 들여다보고 부모가 될 준비가 필요한 사람을 돕고 싶단다. 그녀의 말에 의하면, 막상 부모가 되어 좌충우돌하는 것을 방지하려면 결혼 전에 먼저 자신을 찾는 과정이 시급하다고 한다.

그녀는 매일 공부하는 엄마다. 다른 사람의 행복한 삶을 돕는 일이기에 그녀 또한 행복하다. 아마 그녀는 팔십 노인이 되어도 많은 사람과 상담하면서 끊임없는 변화의 인생을 살 것 같다.

공부로 희망을 디자인하라

희망연구소 소장 | 김새해

"나는 더 나은 삶을 향하는 방법들을 매일 연구했다. 나를 둘러싼 모든 것이 항상 변했기 때문에 나도 함께 날마다 새롭게 변해야 했다."

주어진 현실에서 늘 새로운 길을 만들어가는 '자유로운 영혼' 김새해 희망연구소장의 직함은 다양하다.

지난 14년간 세계 23개국을 다니며 익힌 예술적 감성을 그림, 사진, 글로 표현해내고 있는 김새해는 작가, 사진가, 미술가, 강사다.

많은 직함만큼이나 그녀의 이력 또한 화려하다. 한국, 뉴질랜드, 캐나다, 독일에서 봉사 활동을 하던 그녀는 어려운 처지에 있는 사람들을 돕기 위해 '사랑의 바자회'를 설립했다. 여기서 그림을 팔아 수

익금을 전 세계로 보냈다. 20대에 캐나다 한인 미술가 협회에서 최연소 임원으로 선발되었고, 〈한국일보〉에서 촉망받는 신인 작가로 선정되었다.

현재 30대 중반의 엄마인 그녀는 함께 있는 것만으로 흐뭇한 미소를 짓게 하는 그런 사람이다.

그녀는 파마도 하지 않은 긴 생머리를 유지하고 있는데, 면역력이 약해 가발을 쓸 수 없는 소아암 아이들에게 머리카락을 기부하기 위해서다. 얼굴뿐 아니라 마음씨까지도 천사 같은 그녀는 오늘도 새벽에 일어나 자신의 꿈을 향해 한 발 한 발 내딛는 당찬 엄마기도 하다.

내가 맨 처음 그녀를 본 것은 어느 책 쓰기 모임에서였다. 처음 본 그녀는 가녀린 몸매에 커다란 눈, 화장기 없는 외모에 수수한 차림이었다. 그로부터 얼마 뒤 그녀의 저서가 출간됐다.

그녀의 첫 번째 책 《내가 상상하면 꿈이 현실이 된다》에는 영화 같은 그녀의 삶이 고스란히 담겨 있다. 보통 사람이라면 견디기 힘들었을 삶이었다. 이십대 초반의 어린 나이에 집안 사정으로 국경을 넘어 15번씩 이사를 다니고 30번이나 직업을 바꾸었다. 지금도 나는 그녀가 그렇게 치열하게 살았다는 것이 믿기지 않는다.

그녀가 태어날 무렵 가세가 기울어 일을 해야 했던 어머니 대신 청각 장애가 있는 아주머니의 손에서 길러졌다. 아주머니가 준 조그마

한 자석 그림 칠판이 그녀의 재능을 일깨웠다. 그것이 그녀가 그림을 그리게 된 계기였다.

그녀의 부모는 조그만 사업을 했었다. 그게 그들의 전부였기에 밤낮으로 매달려 열심히 일했다.

그러나 사업이 안정적이다 싶으면 항상 예기치 못한 데서 사고가 터졌다. 아르바이트 학생이 실수로 낸 불이 옆 건물까지 옮겨 붙어 막대한 보상금을 물어야 했고, 믿었던 사람에게 사기를 당하기도 했다.

그 모든 일이 있고 난 후에도 그녀의 부모는 재기에 몸부림치면서 일어서는가 싶더니 만기가 돌아온 어음을 지불하지 못해 부도가 나면서 회사가 산산조각이 났다.

그녀의 가족은 도망치듯 국경을 넘어 10년 동안 방랑자 생활을 했다. 그녀의 꽃다운 청춘은 점점 속이 문드러졌다. 인도네시아, 뉴질랜드 등으로 쫓겨다니면서 이민법과 비자, 불법 체류 등의 문제로 정착을 했다 싶으면 다시 짐을 싸 떠나야 했다.

죽을 만큼 고통스러웠던 그녀에게 희망이 찾아왔다. 뉴질랜드 해밀턴의 한 도서관에서 그토록 그리웠던 한국어 책인 신영복 선생의 《감옥으로부터의 사색》을 발견한 그녀는 곧장 정신없이 몇 시간 동안 그 책을 읽었다.

신영복 선생은 20년간의 감옥 생활을 회상하면서, 그가 무기징역을 받고 추운 독방에 갇혀 있으면서도 자신이 자살하지 않은 이유는 바로 '햇볕' 때문이라고 했다.

북서향인 그의 감방에는 오후가 되면 2시간쯤 햇볕이 들어왔다. 비록 신문지 정도의 크기지만 햇볕을 무릎 위에 올려놓고 앉아있을 때 정말 행복했고, 그 햇볕을 기다리고 싶어서 죽지 않았다고 했다.

선생의 글을 읽고 그녀는 '감옥에 갇혀 있는 사람들에 비하면 나는 얼마나 자유로운 사람인가'라는 생각이 들었고, 그 이후 자기 주위를 둘러싼 환경을 원망하지 않았다. 그리고 매일 반복되는 일상 속에서 남들이 보지 못한 숨어 있는 기회를 포착하는 능력을 얻었다.

그녀가 했던 일은 주로 허드렛일이었지만, 시간이 흘러 자연스럽게 아카데미 카운슬러, 통역관, 미술학원 원장, 보험설계사로도 활동했다.

그녀는 그렇게 벌어들인 돈을 그의 꿈인 '그림을 그리고 글을 쓰는 창작 활동'에 투자했다.

그렇게 해서 그녀는 평생을 꿈꾸던 화가, 칼럼니스트, 사진작가, 작가, 강사로 활동할 수 있는 용기와 기회를 얻었다. 그녀를 괴롭히던 고난과 역경이 오히려 그녀가 성장할 수 있도록 계기와 발판이 되어준 것이다. 그녀는 말한다.

"시간이 지나면 지금 걷고 있는 모든 길의 이름은 '성장'이 된다."

그녀는 캐나다에서 밤잠을 아껴가며 그림을 그렸다. 그녀의 작품은 캐나다 및 시카고 미술인 협회 연례전, 한국 국제 화가전에 전시되었다. 또한, 북미의 대형 아트 페어인 토론토 아트 엑스포(Toronto Art Expo)에 3년 연속 100여 점의 작품을 출품하기도 했다. 이런 끊임없는 노력으로 그녀는 생각하던 모든 꿈들을 상상이 아닌 현실로 만들어갔다.

물론, 꿈을 이루어가는 과정에서 그녀의 열정은 보는 나로 하여금 인간의 한계를 의심하게 만들 정도로 치열했다. 그렇게 주어진 운명의 패를 바꿔나가던 그녀는 결혼 후 임신과 동시에 신장 이상으로 일년간 고통스러운 투병 생활을 했다. 가난했던 집안 환경 때문에 일찍부터 일하면서 몸을 혹사한 것이 원인이었다. 그러나 그녀는 포기하지 않았다.

아버지께서 입버릇처럼 하시던 "해 뜨기 전이 가장 깜깜하다"는 말을 떠올리며 '희망'의 끈을 놓지 않았다.

그녀는 자신의 페이스북에 매일 감사 일기를 썼다. 그리고 아기가 10개월이 되었을 때 서서히 책을 쓰기 시작했다. 그렇게 그녀의 파란만장했던 삶의 이야기가 담긴 책이 바로《내가 상상하면 꿈이 현실이 된다》다.

그녀는 아기를 돌보는 초보 엄마의 역할에 충실하면서도, 세상에

'희망'을 전하겠다는 꿈을 집필과 강연 활동을 통해 계속하고 있다.

《내가 상상하면 꿈이 현실이 된다》라는 제목처럼 그녀의 꿈은 현실이 되었다. 그녀 때문에 세상에 희망을 말하는 사람들이 더욱 많아졌다. 그녀는 지금 행복에 대한 책을 집필 중이다. 육아와 집안일에 지칠 법한데도 그녀는 한시도 꿈을 마음에서 내려놓지 않는다.

"꿈꾸는 사람은 항상 목마릅니다. 꿈을 실현하기 위해 항상 무언가를 배우고 싶다는 열망이 있기 때문입니다. 인간은 성장하기 위해 끊임없이 나아가야 합니다. 자신의 약한 모습만 떠올리며 자신이 정말 원하는 삶이 무엇인지 생각하지 않는 사람은 결국 불행해집니다. 지금 부족하더라도 시작하면 됩니다. 넘어지면서 걷는 법을 배우는 어린아이처럼 지금 이 순간부터 하고 싶은 일을 미루지 않고 해보겠다고 다짐하는 겁니다. 성장을 방해하는 일과는 거리를 두어야 합니다. 성장하고 싶다면 조금 더 부지런해져야 합니다. 낭비되는 시간, 자투리 시간들을 모아 관심 있는 분야의 책을 조금이라도 읽고, 그 분야에서 꿈을 이룬 멘토들의 다큐멘터리 영상을 찾아보는 것도 좋은 방법입니다. 잘 찾아보면 세상엔 어려운 환경 속에서 꿈을 이룬 사람들이 얼마나 많은지 모릅니다."

그녀는 기회가 닿는 대로 한국화, 기획 전시, 무대미술 등의 분야도 더 공부할 계획을 가지고 있다.

그녀의 인생 목표는 삶을 힘들어하는 많은 사람들에게 희망의 메시지를 주는 것, 김새해 희망연구소를 통해 세상을 따뜻하게 할 그림, 책, 전시, 강연 등을 꾸준히 발표하는 것, 그리고 더 나아가 5천억 원 규모의 희망 재단을 설립하는 것이다. 그래서 세계 어느 곳이든 천막을 펼치는 곳이 학교가 되는 '국제 이동식 천막 학교'를 설립하여 불안한 현실에 짓눌린 아프리카, 아시아 지역의 어린이들에게 희망을 주는 것이다.

김새해 희망연구소장, 그녀처럼 '희망'이라는 단어를 현실처럼 꿈꾸고 살아가는 사람이 또 어디 있을까? 그녀는 희망을 전달하는 메신저인 동시에 '희망' 그 자체가 되어 사람들을 격려한다.

"제가 할 수 있다면, 당신도 할 수 있습니다. 당신이 희망 그 자체니까요."

공부는 내 인생의 숙제

예아뜨 유치원 원장 | 이미화

대체 그렇게 도전할 수 있는 용기는 어디서 나오는 걸까?

가끔 그런 여자를 만난다. 쉴 새 없이 일하고 공부하는 여자. 그녀가 그렇다. 가정 형편 때문에 고등학교를 졸업하면서 바로 생활 전선에 뛰어들었던 그녀는 인생에서 공부는 꼭 해야 할 숙제라고 생각했다. 사업 규모가 커지면서 미뤄 놓은 숙제가 늘 마음에 걸렸다. 현장 지식이 풍부해지면 풍부해질수록 이론적인 무장이 필요했다.

결국, 50대에 대학원에 진학해서 유아교육에 대한 전문 지식의 지평을 넓히고, 하루 서너 시간밖에 안 자며 대학생 아들보다 더 치열하게 공부하는 여자, 너무 바빠서 슬프거나 우울한 기분을 느껴볼 겨를이 없다는 여자, 지금 내가 소개하려는 사람이 바로 예아뜨 유치원 원장 이미화 씨다.

그녀는 첫 아이를 낳고 17평 아파트에 놀이방을 개원하면서 유아교육자로서의 인생을 시작했다.

누구보다 열정적인 그녀는 곧 놀이방에서 어린이집으로 규모를 키웠고, 30년이 흐른 지금은 대한민국 최초로 원생들에게 아침밥을 해 먹이는 '예아뜨 유치원'의 원장이 되었다. '아이들과 함께 인성을 그리는 화가'라고 자신을 소개하는 그녀는 아이들이 "선생니임~"하고 부를 때 새삼 행복을 느낀다고 말한다.

그녀에게 나이는 중요하지 않았다. 그녀의 공부하고 싶은 욕구는 그녀의 나이가 40세든 50세든 상관없었다.

그녀는 하루 24시간을 25시간으로 쓰면서 학문에 대한 모든 열정을 쏟아부었다.

일반 대학원에서 유아교육 과정을 전공할 때, 교수들 사이에서 그녀의 학업 태도는 큰 화젯거리였다. 그녀는 모든 것을 다 기록하겠다는 듯 쉼 없이 메모하는 학생, 가장 많이 고개를 끄덕이고 사소한 지식의 깨달음에도 솔직히 감탄하며 긍정하는 학생, 환희에 차서 굶주렸다는 듯이 리포트를 써내는 학생이었다.

전공 관련 논문 200편을 읽고 그 논문의 서론, 본론, 결론을 요약해서 책으로 제출하는 과제를 할 때는 하루에 서너 시간밖에 잠을 자지 못했다. 몸은 힘들었지만, 과제물이 축적되는 기쁨과 재미가 더 컸다. 노력의 결실은 그대로 아이들에게 전해졌다. 논문을 통해 발견한 결과들을 부모 연수, 교사 연수, 원장 연수 등을 진행하며 현장에 적용하기 위해 노력했다. 그녀가 공부하는 목적은 자신의 삶을 윤택하게 만들기 위해서가 아니라 다른 이들의 삶에 영향을 주고 그들을 잘살 수 있도록 하는 것이기 때문이다.

내가 그녀를 처음 본 곳은《버킷리스트》출간 기념 강연회가 열렸던 광화문 교보문고였다. 처음 본 그녀에게서 나는 부드러우면서도 강한 카리스마를 느꼈다. 강렬한 눈빛과 굳게 쥔 주먹으로 청중을 사로잡는 모습이 참으로 대단했다.

그녀는 확실한 소명을 가지고 사는 사람이었다. 인생을 그저 주어진 대로 사는 사람과는 확실히 달랐다. 그녀에게는 가슴에 품은 꿈을 글자로 쓰고 진짜로 실현하기 위해 언제든 힘껏 첫 발을 내딛을 수 있는 용기와 실행력이 있었다. 다음은 그녀의 다섯 가지 '버킷리스트'다.

첫째, 아름다운 관계 맺기, 250명 효과 만들기

둘째, 아들이 부모 때문에 후회하지 않도록 하기

셋째, '따뜻한 이야기가 담긴 사진첩' 만들기

넷째, 희망이 꽃피는 대안 학교 설립하기

다섯째, 인성 교육 전문가 양성 연수원 만들기

세상이 지금보다 더 풍요롭고 아름다워지기를 소망한다는 그녀는 자신의 꿈을 이루기 위해 나이도 잊은 채 여전히 계속 공부하는 엄마다. 그녀의 꿈은 아직 멈추지 않았다.

그녀는《당신이 살아온 기적이 누군가에겐 살아갈 기적이 된다》라는 제목의 책을 출간했다.

책에서 워킹맘의 수호천사를 자처하는 그녀는 자신뿐만 아니라 다른 엄마들도 좀 더 여유롭고, 즐겁고, 행복한 삶을 살기를 바란다.

"내가 이 책을 통해서 정말 하고 싶은 이야기는 세상에는 돈보다 더 중요한 일이 있다는 것이다. 우리의 삶은 돈보다 '가치 있는 일'을 할 때 그 진동과 파장이 생각보다 큰 여운이 되어 진한 감동으로 다가온다. 치열한 현장에서 웃고 울고를 반복하면서 나는 나를 필요로 하는 많은 사람들을 위해 죽을 때까지 이 일을 떠나서는 안 되는 사람이라는 것을 깨닫게 되었다. 그리고 내가 이 일을 얼마나 사랑하는지, 지치지 않는 나의 열정의 온도가 대신 말해주고 있었다."

그녀가 자신의 꿈을 일구어가기 위한 과정이 결코 평탄한 것만은 아니었다. 어린이집이 있던 건물이 경매로 넘어가면서 3,500만 원의 보증금을 날리기도 했다. 또, 강제로 어린이집이 철거를 당한 적도 있었다. 그러나 그녀는 '벼랑 끝에 서도 희망을 가지면 길은 있다'며 '오늘보다 나은 내일'을 굳게 믿으며 살아왔다.

그래서 이미화 원장은 항상 공부하고 연구한다. 대학원에서 이론적인 무장만 하는 것이 아니다. 그녀가 주력하는 것은 '아이들이 먹는 것과 배우는 것에 대해 부모의 걱정을 덜어주고 보육과 교육을 그들의 눈높이에 맞추어주는 것'이다.

그녀는 아이들 아침밥을 먹이기 위해 새벽 시장에 나가 장을 보기도 했다. 원아의 어머니가 출산했다는 소식을 들으면 병실로 꽃바구니를 보냈다.

그녀가 운영하는 유치원은 아이들을 데리고 매주 체험 활동을 나가는 것으로도 유명하다.

한순간도 시간을 낭비할 수 없을 정도로 바쁜 그녀가 늦은 나이에도 놀라운 열정으로 공부를 계속하는 데에는 분명한 이유가 있다.

"엄마도 공부해야 하는 이유? 저는 자기 자신뿐 아니라 자녀를 위해서도 엄마가 계속 공부를 해야 한다고 생각해요. 부모는 아이의 거울이지요. 아이에게 "공부해라"라고 말로만 가르치기보다 부모가 행동으로 보여줄 때 큰 울림으로 다가오게 됩니다. 아이는 공부가 재미있다고 느끼지 않고 빨리 어른이 되고 싶어 해요. 하지만 부모가 공부를 통해 자신의 꿈을 찾아가고 끝없이 자기 계발을 하는 모습을 보여주면 아이는 부모의 현재 모습을 통해 자신의 미래를 그릴 수 있게 됩니다."

대학생이면서 사업가인 그녀의 아들은 엄마를 인생의 선배로 대하면서 그녀에게 종종 조언을 구한다고 한다. 열심히 공부하는 엄마를 보며 자신도 장학금을 받겠다고 마음먹고 목표를 이루었단다. 그녀가 아들에게 생의 모델이 되고 싶어서 시작한 공부는 그것에만 그치지 않고 많은 학부모들에게 동기를 부여해주었다. 그리하여 그녀는 세상을 더 크고 아름답게 그리고 있다.

"나이, 결혼, 아이 등의 이유로 엄마는 꿈을 잃어버렸다고 하지만, 그것은 핑계입니다. 오히려 가족 모두에게 엄마가 꿈을 찾는 열정적인 모습을 보여주어야 해요. 엄마가 꿈을 찾아가는 과정에서 오히려 가족이 엄마의 삶을 더 응원하는 것을 자주 봐요. 자식에게 떳떳한 부모, 자식에게 돈보다 더 중요한 가치를 물려주고 싶은 부모가 되기를 원한다면 당당히 공부하세요."

그녀의 말에는 힘이 있다. 그녀 자신이 공부하는 삶을 살았고 지금도 공부하고 있기 때문이다. 그녀의 공부는 끝이 없어 앞으로 외국어와 상담심리학을 보다 체계적으로 공부할 계획이다. 우선 영어와 중국어를 배운 뒤에 상담심리학도 섭렵할 생각이란다.

그녀의 인생 목표는 죽을 때까지 책을 읽고 공부해서 세상에 선한 영향력을 끼치는 사람이 되는 것이다. 선교와 장학 사업, 구제 사업

등을 청지기적인 사명을 갖고 해나가는 것이다. 그녀 자신을 위한 삶이 아니라 타인을 위한 삶을 살기를 바란다는 그녀에게서, 나는 아직 오지 않은 미래라는 시간이 이렇게 밝게 느껴질 수 있다는 것을 배웠다.

Part 5

생애 최고의 순간을 만나기 위한 6가지 법칙

나만이 할 수 있는 것을 찾아라

낭중지추(囊中之錐)의 법칙

늘 생각하는 것이지만, 아무리 재주가 없다고 한들 누구나 한 가지씩은 재능이 있기 마련이다. '굼벵이도 구르는 재주가 있다'는 말이 있듯이 평생 집안 살림에만 전념했더라도 거기에서조차 중요한 재능을 발견할 수 있다. 야무진 손끝 하나만 가지고도 자격증을 딸 수 있는 시대가 아닌가?

얼마 전 〈여유만만〉이라는 텔레비전 프로그램에 정리 컨설턴트 임희정 씨가 출연한 것을 보았다. 거기서 그녀는 부엌 정리의 초간단 비법을 공개했는데, 주부들의 탄성을 자아내기에 충분한 것이었다. 그녀는 현재 '정리 학교'를 운영하면서 주방 살림을 정리하는 법을 주부들에게 전수하고 있다.

전문적으로 살림살이의 체계적인 정리와 수납을 가르치고 돕는 이를 이른바 '정리 코디네이터'라고 한다. '이런 직업이 다 있어?'라고 생각할 정도로 생소하지만, 정리 정돈 노하우는 관련 서적이 베스트셀러가 할 정도로 인기가 있다. 〈레이디경향〉 5월호(2014년)에는 정리 코디네이터에 대한 글이 실려 있다.

'정리 정돈은 누구나 할 수 있다. 중요한 것은 효율적으로 공간을 배분하고 표준화된 정리 정돈을 하는 기술을 사용했는지 여부다. 같은 물건을 정리하더라도 결과가 다른 것은 바로 이 때문이다. 정리 코디네이터가 되기 위해서는 공간에 대한 기본 지식과 개선해야 할 점, 물리적 조치, 기술 등을 배워야 한다.'

만약 나에게 정리 코디네이터 자격증을 따라고 하면 고개를 절레절레 흔들 것 같다. 나는 살림이나 정리 정돈하는 것을 잘하지 못할 뿐 아니라, 좋아하지도 않기 때문이다.

가끔 친정 동생 집에 가보면, 언제나 방이나 주방 할 것 없이 아주 정리가 잘 되어 있다. 냉장고 안 반찬 그릇들도 제자리에 가지런히 있는 것을 보면 신기할 정도다.

동생은 잠시도 가만히 있지 못하고 늘 쓸고 닦고 정리하는 게 몸에 뱄다. 아마 내 동생은 정리 코디네이터 같은 직업이 딱 어울릴 것 같다.

'낭중지추(囊中之錐)'란 사자성어가 있다. '주머니 안에 송곳을 넣어두면 주머니를 뚫고 나오듯이 자신에게 있는 뛰어난 재능은 아무리 감추려고 하여도 감추어지지 않는다'는 의미다.

중국의 전국시대에 진나라의 공격을 받던 조나라가 재상 평원군을 초나라에 사신으로 보내 구원군을 요청하려 했다. 평원군이 같이 갈 수행원 20명을 뽑아야 했는데, 자신의 집 3천 명의 식객 중에서 19명은 쉽게 뽑았지만 마지막 1명은 뽑지 못해 고민 중이었다고 한다. 이때 모수라는 3년 된 식객이 나서서 자신을 뽑아달라고 했다. 그때 평원군이 "재능이 뛰어난 사람은 주머니 안의 송곳 끝이 밖으로 뚫고 나오듯이 눈에 드러나는 법인데, 내 집에 온 지 3년이 된 사람이 단 한 번도 이름을 드러낸 일이 없지 않소?"라고 한 말에서 유래되었다.

센다 다쿠야(千田琢哉)는 그의 저서 《자유로운 인생을 위한 어른의 공부법》에서 우리가 해온 공부는 결국 남을 위한 공부였다고 말한다.

"어른 공부는 자신의 인생을 자유롭게 펼쳐나가기 위한 공부다. 아무에게도 구속받지 않고, 하고 싶은 시간에 하고 싶은 일을 할 수 있어야 한다."

그는 "남을 위해 공부하고, 남을 위해 일하는 것은 나를 버리는 행위다"라며, 이제 자유로운 인생을 위한 공부를 해야 한다고 주장한다. 정리 코디네이터든 헤어디자이너든 결국 자신이 정말 잘할 수 있는 일, 가슴 뛰는 일을 하는 것이 진정 자유로운 인생이 아니겠는가?

학교에 다니는 동안 했던 공부가 시험을 위한 공부였다면, 이제 어른이 된 지금의 공부는 자기를 위한 공부여야 한다. 진정한 공부는 지식의 암기가 아니라 나를 행복하게 하고 성장시키는 무엇이다. 공부는 멋진 인생을 만드는 필수품이다.

아이들이 자라는 동안 엄마는 아이 뒤치다꺼리도 버거워 자신의 내면에서 들려오는 소리에 귀 기울일 짬도 없다. 그렇게 시간이 훌쩍 가버린다. 그러다가 아이들에게 더 이상 엄마의 손이 필요 없는 때가 오고 그 시간이 점점 길어진다. 그럴수록 엄마는 초조한 생각이 든다. 아무것도 일구어 놓은 것이 없는데 앞으로 이렇게 계속 살아간다면, 엄마에게 그것보다 끔찍한 일은 없다.

존슨앤드존슨 북아시아 디지털 혁신 총괄이사로 근무하고 있는 김윤경 씨는 자신의 꿈을 찾기 위한 공부를 45세 때 시작했다고 한다.

"엄마는 꿈이 뭐였어요?"

딸의 질문을 받고 자신이 꿈이 없다는 것을 깨달은 그녀는 그 길로 '꿈 세미나'라는 공개 강좌에 참여했다. 또한 '책 쓰기 세미나'라는 강좌에 등록해서 거기서 배운 것을 바탕으로 자신이 정말 쓰고 싶은 책을 출간했다. 그것이 바로 《엄마의 꿈이 아이의 인생을 결정한다》다. 그렇게 그녀는 지금 자신을 워킹맘이 아니라 작가로 퍼스널 브랜딩했다. 뿐만 아니라 강사로도 활동 중이며, 여전히 가슴 뛰는 인생

2막을 살고 있다.

김윤경 씨는 자신이 정말 하고 싶은 꿈을 찾아내기 위한 공부를 했고, 꿈을 찾은 후에는 그 꿈을 이루기 위한 공부를 했다. 시험 점수나 자격증을 취득하기 위한 공부가 아니라 자신이 진정 하고 싶은 일, 자신만이 할 수 있는 것을 찾고 그것을 이루기 위한 공부였기 때문에 온몸을 던질 수 있었다.

낭중지추의 법칙, 즉 나만이 할 수 있는 것을 찾으라. 주머니에 송곳을 넣으면 송곳 바늘이 저절로 삐져나오듯, 너무 간절하여 순간순간 자꾸 생각나는 일을 붙잡으라. 가만히 생각만 해도 저절로 미소가 지어지는 일, 지금 하지 않으면 먼 훗날 후회할 것만 같은 일, 이것만은 꼭 하고 싶은 일을 찾으라. 지금까지 살아오면서 성공했던 일, 실패했던 일, 후회되는 일 등을 곰곰이 곱씹어보면 거기에는 분명 나만이 할 수 있는 무언가가 있을 것이다. 나만이 할 수 있는 무언가를 찾았다면 주저하지 말고 그것을 실행에 옮겨야 한다.

나는 작년 어느 텔레비전 프로그램에서 본 70세 할머니가 잊히지 않는다. 할머니는 그 나이에 어느 지방 신문에서 기자로 일하고 있었다.

원래 글쓰기를 좋아하던 할머니는 많은 나이임에도 지방 신문사에 원서를 내고 입사 시험을 치러 당당히 합격했다.

할머니는 다른 기자들처럼 현장을 누비며 취재를 했고 귀가해서도 컴퓨터를 붙들고 기사를 썼다. 청소나 식사는 할아버지의 몫이었다. 할머니는 기자로서 자기 일을 게을리 하는 법도, 기한을 넘긴 일도 없었다. 자기가 좋아서 하는 일이라 힘든 줄도 모른다고 했다.

나도 마침 글쓰기를 시작하던 터라 관심 있게 시청한 기억이 난다. 칠순의 할머니가 자신의 나이를 잊은 채 자신이 하고 싶은 일을 즐겁게 하는 것이 매우 인상 깊었다. 그러니 일흔이 안 된 엄마들에게는 얼마나 많은 희망과 가능성이 있단 말인가?

포기하지 않는 한 엄마의 행복한 인생은 이미 준비되어 있는 것이다.

가슴이 뛰는 꿈을 꾸라. 꿈꾸는 사람만이 성공할 수 있다.

절대 포기하지 마라

칠전팔기(七顚八起)의 법칙

"내 그림이 팔리지 않는 것은 나도 어쩔 수 없다. 하지만 언젠가는 사람들이 내 그림의 가치를 깨닫는 날이 오게 될 것이다. 내 그림이 돈으로 따질 수 있는 것보다 훨씬 더 가치가 있는 것임을."

네덜란드 출신의 인상파 화가 빈센트 반 고흐(Vincent Van Gogh)의 말이다.

그는 누구보다 많은 사랑을 받고 있고 또한 받아온 화가지만, 그가 살아 있을 때는 정작 단 한 점의 그림만을 팔았을 뿐이었다.

그는 극도의 빈곤과 고독 속에서 그림을 그렸다. 그럼에도 고흐는 그림에 대한 열정을 포기하지 않았다. 하지만 안타깝게도 정신착란이 결국 그를 자살로 몰아갔다.

내가 알고 있는 엄마 중에서 무엇이든 시작했다 하면 이내 포기하는 사람들이 있다. “나는 재주가 없나 봐” 하면서 말이다.

그들의 주장도 틀리지는 않다.

하지만 그런 엄마들은 다른 것을 해도 이내 포기하고 만다. 꾸준히 하지 못하는 이유는 많다.

“해보니 나하고 맞지 않는다.”

“너무 힘들다.”

“돈이 안 된다.”

“내 시간이 없다.”

이런 모든 것은 핑계, 즉 자신이 시작한 일을 쉽게 포기하기 위한 방편일지 모른다.

전 세계 사람들의 엄청난 사랑을 받은 《해리포터》의 저자 조앤 롤링(Joan K. Rowling)은 20대 초반에 영국에서 포르투갈로 건너가 결혼했지만 얼마 지나지 않아 이혼했다. 싱글맘이 된 그녀는 어린 딸과 함께 영국에 돌아와 정부 보조금으로 근근이 살았다.

그녀는 가난과 우울증에 시달렸다. 아이에게 동화책조차 사줄 형편이 되지 않자 동화를 직접 쓰기로 했다. 집에 전기가 끊겨 온종일 카페에서 글을 썼다. 《해리포터》의 원고를 완성하고서도 복사비가 없어 타자기로 원고를 직접 타이핑해서 출판사에 보내야만 했다.

이렇게 해서 《해리포터》가 탄생했다. 1997년부터 2006년까지 《해리포터》가 거둬들인 매출액은 우리 돈으로 308조 원(소설, 영화, 관련 캐릭터 포함)이었다. 그녀는 〈포브스〉 지에서 발표하는 세계 500대 부자에 선정되었다.

그녀는 영국 여왕보다 더 큰 부자가 되었다. 조앤 롤링은 자신의 성공에 대해 이렇게 말했다.

"제가 가장 두려워했던 실패가 현실로 다가오자 오히려 저는 자유로워질 수 있었습니다. 실패했지만 저는 살아있었고, 사랑하는 딸이 있었고, 낡은 타자기 한 대와 엄청난 아이디어가 있었죠. 가장 밑바닥이 인생을 새로 세울 수 있는 단단한 기반이 되어 준 것입니다."

조앤 롤링은 경제적 어려움에도 굴하지 않고 끊임없이 소설을 구상하고 글을 썼다. 1997년 6월 《해리포터와 마법사의 돌》이 출간되었다.

런던의 한 서점에서 출간 기념회를 열었을 때는 단 두 명이 참석했다고 한다. 처음에는 작은 눈덩이에 불과했던 책이 미국에 판권을 판매하면서 점점 커다란 눈덩이가 되어갔다.

우리는 자신의 재능을 침소봉대(針小棒大)하는 경우가 많다. 지인 중에 영어 회화도 뛰어나고, 친화력이 있어 인간관계도 좋고, 목소리에 힘이 있으며, 주변에서 일어나는 일에 끊임없이 호기심을 드러내고 열정을 갖고 있는 사람이 있다. 영화를 좋아하고, 다재다능한 재주꾼이다. 그런데 그도 가끔 꿈 없이 살던 예전의 나처럼 말한다.

"전 뭐 하나 뛰어나게 잘하는 것이 없어요."

나도 종종 '나는 뭐 하나 잘하는 것이 없어' 라는 생각에 의기소침한 적이 많았다. 처음 글쓰기를 시작할 때도 무척 두려웠다.

'내가 과연 잘해낼 수 있을까? 이런 글 정도는 누구나 다 쓸 수 있을 것 같은데…….'

방송인이자 여행 작가인 손미나는 글을 쓰는 작업에 대해 '80퍼센트의 고통과 20퍼센트의 기쁨이 혼합된 것' 이라고 했다.

글쓰기란 정말 힘들지만, 그래서 쓰고 난 후의 기쁨 또한 큰 법이다. 힘들고 고통스러운 글쓰기 작업이 끝난 후 밀려드는 엄청난 성취감과 만족감은 글쓰기에서 오는 고통을 상쇄하고도 남는다.

나는 이제 빈센트 반 고흐의 말을 가슴으로 이해한다.

"만약 가슴속에서 '나는 그림에 재능이 없는 걸' 이라는 목소리가 들려오면 반드시 그림을 그려봐야 한다. 그 소리는 당신이 그림을 그릴 때 잠잠해진다."

물론, 책이 출간되고 작가가 되면 꼭 좋은 일만 있는 것은 아니다. 가끔 혹평을 하는 독자를 만난다. 처음에는 의기소침해서 '계속 책을 써야 하나?' 라고 의문이 든 적이 있다. 하지만 러시아 문학을 대표하는 세계적인 대문호 톨스토이도 '쓰레기 같은 글' 만 쓴다는 혹평을 받았다.

톨스토이가 무려 20년 동안 무명으로 혹독한 작가 수업을 받았다는 사실도 의외였지만, 그럼에도 그가 포기하지 않고 결국 《죄와 벌》 같은 대작을 남겼다는 게 놀랍기만 하다. 이렇듯 어떤 사람이든 포기하지 않고 연습하고 훈련하면 누구든 '아웃라이어(성공의 기회를 발견해 자기 것으로 만드는 사람)'가 될 수 있다.

1948년 영국의 옥스퍼드 대학 졸업식에서 처칠은 이렇게 말했다.

"저의 성공 비결은 단 세 가지입니다. 절대 포기하지 마라. 절대, 절대로 포기하지 마라. 절대, 절대, 절대로 포기하지 마라!"

포기하지 말라는 처칠의 고언이 꼭 청춘에만 해당되는 것은 아니다. 새로운 꿈에 도전하는 엄마는 처칠의 "절대 포기하지 마라"는 말을 꼭 기억하기 바란다. 절대로 포기하지 않고 계속하다 보면 분명 길이 보일 것이다. 시작이 더디더라도, 끝이 보이지 않더라도 계속 전진하기 바란다.

새뮤얼 베케트(Samuel Beckett)는 "얼마나 시도하든, 얼마나 실패하든 이것은 중요하지 않다. 다시 시도하라. 또 실패하라. 더 잘 실패하라"고 말했다. 엄마의 능력과 재능을 찾았고, 그리하여 목표를 정했다면, 실패하더라도 좌절하지 말고 계속 새로 도전하라.

포기하지 않고 도전하는 엄마의 인생은 아름답다. 도전하는 과정이 공부이며 행복이 아니겠는가.

몰입하고 몰입하라

고도 몰입의 법칙

국민 강사 김미경은 〈세상을 바꾸는 시간, 15분〉 강연에서 '꿈길에서 절대 빠지면 안 되는 3가지 샛길'에 대해 말한 적이 있다. '추에 빠지지 않기', '슬럼프에 이름 붙이기', '사회적 알람 꺼버리기'가 그것이다. 나는 그중 '추에 빠지지 않기'가 가장 마음에 와 닿았다. 그녀는 이와 관련하여 '현재는 그 다음에 올 것의 반대 경험일 뿐이다'라고 했다. 인생의 굴곡을 그대로 받아들이고, 그 굴곡에 매몰되지 말고 빠져나오라고 했다. 시계추처럼 흔들리는 인생에서 배움을 받아들이라고 했다.

시계추가 왔다 갔다 하는 것처럼 우리 인생도 마찬가지다. 잘될 때도 있고 그렇지 않을 때도 있고, 행복할 때도 있고 불행할 때도 있는 것이다.

꿈길을 가다보면 자갈밭도 있고 가시밭길도 있지만, 우리는 그 길을 헤쳐나가야 한다. 엄마의 인생에서 이런 척박한 길을 '무엇'으로 헤쳐나가야 진정 원하는 꿈에 다다를 수 있을까? '내 꿈을 반드시 이루고야 말거야'라는 '절박한 마음'이 자갈밭, 가시밭길을 넘어가게 해줄 것이다.

엄마뿐 아니라 보통 사람들도 오늘과 다른 내일, 현재와 다른 미래를 꿈꾸지 않고 살아가는 경우가 많다. '오늘 내가 시작한들 무엇이 달라질까?'라며 마음속에서 꿈이 꿈틀거릴 때마다 억지로 그것을 주저앉힌다.

개그맨 김영철의 저서 《일단 시작해》 중에 인상 깊은 말이 있다.

'하고 싶은 일, 할 수 있는 일들을 생각해내고 다짐하고 움직이고 실천하고 변화할 것이다. 나는 오늘도 꿈을 꿀 것이다. 그리고 멈추지 않을 것이다.'

보통 하고 싶은 일, 할 수 있는 일들을 생각하고 다짐하지만 움직이고 실천하는 힘이 따르지 않으면 언제나 제자리걸음이다.

작가 이민규는 "삶에서 가장 파괴적인 단어는 나중이고, 삶에서 가장 생산적인 단어는 지금이다"라고 했다. '지금' 실천하는 게 그 정도로 중요하다.

빅토르 위고(Vitor Marie Hugo)는 글을 쓸 때 놀고 싶은 유혹을 떨치기 위해 옷을 하인에게 몽땅 맡겼으며, 이외수 또한 글을 쓸 때는 감옥처럼 밖에서 문을 걸어 잠그게 만들었다고 한다. 그들은 한마디로 '몰입'하였고, '자신의 꿈을 실행하고자 하는 몸부림'은 그들을 최고의 작가로 만들었다.

목표를 향한 강력한 몰입은 비바람이 불고 태풍이 몰아쳐도 흔들리지 않아야 한다. 바로 옆에서 무슨 일이 일어나도 삼매경에 빠져 앞으로만 나아가야 한다. 삼매경은 산스크리트어로 '사마디' 즉 '움직이지 않는 마음'을 뜻한다.

그런데 엄마가 이런저런 일로 '움직이지 않는 마음' 즉 자신의 꿈에 몰입하는 것은 쉬운 일이 아니다. 아이 뒷바라지는 물론 하다못해 아파트 관리비나 세금 내는 일까지 일상생활에서 엄마 손이 가지 않는 일이 없다. 그러나 아무리 바빠도 간절한 꿈을 가진 엄마는 한시도 자신의 꿈을 잊지 않아야 한다.

둘째 아이가 막 돌을 지난 작가 엄마는 아이들을 재우고 나서도 밤늦게까지 글을 쓴다. 여느 엄마와 같이 낮에는 아이들과 함께 놀아주고, 같이 그림도 그리고, 식사 준비는 물론 빨래까지 다 한다. 다른 점이 있다면 그 엄마는 '글을 써야 한다'는 간절한 마음이 있기에 아이들이 잠든 시간을 기다려 글을 쓴다는 사실이다.

누군가 몰입은 '나를 찾아 떠나는 여행'이라고 했다. 낯선 곳으로의 여행을 통해 내면에서 우러나오는 기쁨을 맛보듯, 몰입을 통해 내가 지금 하는 것에 흥미와 재미를 느낀다. 무엇인가에 몰입한다는 것은 최고의 나를 만나는 것이다.

누구나 최고를 꿈꾼다. 하지만 누구나 최고가 될 수는 없다. 김연아가 최고가 될 수 있었던 것은 자신이 하는 일에 몰입했기 때문이다. 아직 한 번도 만나지 않은 최고의 내가 될 수 있는 방법은 바로 몰입이다. 몰입을 통해서 엄마의 잠재력을 발견하고, 결국 최고의 자신을 만나게 될 것이다.

영국의 시인 로버트 브라우닝(Robert Browning)은 성공에 대해 이렇게 말했다.

"위대한 사람은 단번에 높은 곳으로 뛰어오른 것이 아니라 많은 사람들이 단잠을 자는 밤에 홀로 일어나 괴로움을 이기고 일에 몰두했다."

그렇다. 많은 사람들이 잠든 밤에 자신의 일에 몰두하는 사람은 그 일을 사랑하는 사람이다. 몰입의 경지에 올랐다고 할 수 있다. 한순간도 자신의 꿈을 잊지 않는 사람이다.

꿈에 몰입하고 몰입하라. 거기가 꿈의 정상이다.

이룰 때까지 도전하라

화룡점정(畵龍點睛)의 법칙

당나라 장언원(張彦遠)이 지은 《역대명화기(歷代名畵記)》에 화룡점정(畵龍點睛)에 얽힌 화가 장승요(張僧繇)에 대한 이야기가 나온다.

남조 양나라 무제의 우군장군(右軍將軍)을 역임한 무관이기도 한 장승요는 인물화에 매우 뛰어났다고 한다.

당대의 화단을 풍미했던 그가 금릉(지금의 남경)에 있는 안락사(安樂寺) 벽에 용을 그리게 되었다. 그런데 사람들은 그가 그린 그림을 보며 마치 살아 있는 듯한 용의 모습에 감탄을 금치 못하면서도 수군거렸다.

"용에 눈동자가 없으니 이상하다."

이를 들은 장승요는 "일부러 빠뜨렸어요. 눈동자를 그리면 용이 승천해버립니다."라고 얼버무렸다. 그러자 장승요의 말을 믿지 못한 사람들은 눈동자를 그리라고 성화였다.

할 수 없이 그는 마지못해 눈동자를 그렸다. 그러자 갑자기 천지가 진동하는 굉음과 함께 벽이 갈라지더니 실제로 그림 속의 용이 승천해버렸다.

장승요의 뛰어난 그림 솜씨를 빗대어 지어낸 이야기에서 온 말인 '화룡점정'은 이야기에서처럼 '용을 그리면서 눈동자에 점을 찍었다' 는 의미로, 다음 두 가지 경우에 쓰인다.

> 첫째, 그렇지 않아도 훌륭하지만 더욱 완벽하게 마무리한 경우
>
> 둘째, 사소한 한 가지가 아쉬울 만한 상황에서 그마저도 충족함으로써 마무리한 경우

우리 엄마의 인생도 마찬가지다. 지금까지 아무리 힘을 들여 양육과 살림을 해왔더라도 마지막을 어떻게 마무리하느냐가 중요하다.

EBS 지식채널에서 〈가난한 노인들의 나라〉라는 제목의 방송을 내보낸 적이 있다. 방송에 따르면 OECD 국가 중 65세 이상 노인 빈곤율이 뉴질랜드 1.5퍼센트, 멕시코 28퍼센트, OECD 평균 13.5퍼센트인 데 비해 우리나라는 45.1퍼센트로 1위(2011년 통계)를 차지했다고 한다.

이는 가계 경제를 책임지던 젊은 시절에 지나치게 자녀의 양육비와 교육비를 지출한 나머지 자신의 노후를 대비하지 못한 결과다. 심지어는 결혼 비용까지 부모가 과도하게 쏟아붓다가 빚더미로 살아가는 경우도 주위에서 심심찮게 볼 수 있다.

한편, 그러는 동안 정말 하고 싶은 게 많은 엄마는 자신의 꿈을 이루어보려고 몸부림친다. 하지만 끝없는 아이들 뒷바라지에 하나둘 꿈을 포기한다. 그러나 남은 인생을 행복하게 살려면 절대 포기하지 말아야 한다.

어느 채굴업자가 다이아몬드가 매장되어 있다는 광산을 캐고 있었다. 그러나 아무리 캐도 다이아몬드는커녕 비슷한 것도 발견할 수 없었다. 할 수 없이 채굴을 포기한 채 광부는 그곳을 떠났다.

나중에 다른 사람이 거기서 다이아몬드를 발견했는데, 채굴업자가 마지막까지 판 위치에서 불과 1미터 정도 더 깊은 곳이었다고 한다. 참 안타까운 이 이야기가 어쩌면 우리네 엄마들의 모습인지도 모른다.

엄마의 꿈이 지금은 어두운 막장을 헤매고 있다고 해도 조금만 더 파면 다이아몬드를 캐낼 수 있다는 믿음을 가져야 한다.

한국에서도 많은 팬을 가지고 있는 일본의 인기 스타 기무라 타쿠야(木村拓哉)는 그룹 SMAP의 멤버이기도 하다. 그들의 노래 중에서

〈세상에 하나뿐인 꽃〉이 제일 유명하다.

나는 가끔 이 노래를 음미한다. 노랫말 때문이다.

> 꽃가게 앞에 놓여 있는 여러 가지 꽃을 보고 있었어.
>
> 사람마다 각각 취향이 있지만 모두 다 예쁘네.
>
> 이 중에서 누가 최고인지 다투는 일도 없이
>
> 바구니 속에서 자랑스럽게 꼿꼿이 가슴을 펴고 있어.
>
> 그런데 우리 인간은 왜 이렇게 비교하고 싶어 하지?
>
> 한 사람 한 사람 다른데도 그중에서 최고가 되고 싶어 하지?
>
> 그래, 우리는 세상에 단 하나뿐인 꽃이야.
>
> 한 사람 한 사람 각자 다른 씨를 갖고 있어.
>
> 그 꽃을 피우는 일에만 열중하면 돼.

노랫말처럼 씨는 언젠가 활짝 꽃을 피울 때가 온다. 지금 꽃봉오리가 맺히지 않았다고 낙담하거나 꽃을 피우지 않는다고 절망하지 말아야 한다.

용 그림의 마지막 점처럼, 다이아몬드 광산의 마지막 1미터처럼, 포기하기에는 이르다. 자아를 찾는 엄마의 삶은 이전까지의 엄마의 삶보다 조금 멀 뿐이다.

내가 아는 어느 지인은 아이가 어린이집 종일반에 다니고부터 평생교육원에서 청소년 상담자격증 과정을 공부하고 있다. 그런데 아이가 어린이집에 있는 동안에는 공부하고 집에 돌아오면 밀린 집안일과 아이를 돌보느라 과제할 시간이 너무 부족했다. 지인이 발표할 차례가 돌아오는 날의 전날에는 더 그랬다.

아이가 일찍 잠이 들면 좋은데 잠이 없어서 무척 애를 먹었다. 엄마가 공부한다고 아이와 살림에 소홀한 것 같았고, 공부하는 것도 처음 접하는 분야다 보니 어려워 몇 번이나 포기하고 싶다고 했다.

엄마가 투덜거리자 남편은 짜증을 냈다.

"그냥 그만둬! 뭐 한다고 그래? 그렇게 힘들다고 하면서 말이야!"

남편의 이해가 필요했던 지인은 남편이 위로해주고 격려해주기는커녕 "그만둬!"라고 말하니 무척 서운했다고 한다. 게다가 '아, 정말 이참에 그만 둘까? 너무 힘든데 말이야. 이 자격증이 나중에 어디 쓸데가 있을까?' 하고 고민하게 되었다고 한다.

나는 그 지인에게 이렇게 조언했다.

"엄마가 어렵게 시작한 공부를 조금 힘들다고 포기하면 안 됩니다. 남편의 말보다 엄마 자신의 내면에 들리는 목소리에 더 귀를 기울이세요. 엄마의 마음을 가장 잘 아는 사람은 엄마 자신이니까요. 세상에 아무런 대가 없이 얻는 것은 없답니다."

남편이 하는 말, 육아와 살림에서 오는 어려운 상황들을 이겨내야 용 그림의 마지막 점을 찍을 날이 온다. 엄마의 꿈을 이룰 때까지 멈추지 말고 도전해야 한다. 힘들고 포기하고 싶은 마음이 들더라도 다시 추스르고 마음을 다잡아야 한다.

주변에 자신을 도와주는 사람이 없더라도 꿋꿋이 나아가라.

엄마 자신을 믿자.

세상은 당신이 도전하여 끝내 아름다운 꽃을 피우기를 바란다.

읽고 또 읽고, 쓰고 또 쓰고

다독다작(多讀多作)의 법칙

나는 활자 중독자다. 좋아하는 책과 신문은 물론 하다못해 과자 봉지에 적힌 글자도 읽어야 직성이 풀린다. 기차를 탈 일이 있어도 책을 먼저 챙기고, 다른 사람을 기다리는 시간에 단 한 줄이라도 읽는다. 책을 읽을 때 나의 두뇌는 사색의 늪으로 떠난다.

내가 책을 좋아하는 이유는 크게 세 가지다.

첫째, 내가 경험하지 못했던 것을 경험할 수 있게 해준다. 이 세상을 내가 전부 체험해볼 수는 없지만 책을 통해서 간접적으로 경험할 수 있다.

둘째, 내가 알지 못했던 지식을 새롭게 알게 된다.

저자는 수십 권 또는 수백 권의 책을 탐독하여 책을 쓴다. 그렇게 읽은 여러 책의 정보를 단 한 권의 책으로 엮었기 때문에 그 책을 읽으면서 나는 편하게 앉아 저자가 읽었던 모든 책을 두루 섭렵하게 되는 것이다.

셋째, 독서를 통해 사고가 확장되고, 창조력의 빅뱅이 일어나는 기쁨을 느낄 수 있기 때문이다.

이 중에서 가장 중요한 이유를 한 가지만 뽑는다면 세 번째다.

책을 읽으면 내가 경험하지 못한 것을 간접적으로 접하고, 이제까지 알지 못한 새로운 지식을 알게 된다. 하지만 우리의 두뇌에 지식을 주입한다고 활자가 모니터에 나타나듯이 금방 어떤 변화가 일어나는 것은 아니다. 그렇지만 책을 읽는 동안 우주에서 별들의 빅뱅이 일어나듯이 두뇌에서 온갖 사색의 빅뱅이 일어나는 것을 경험하는 것은 엄청나게 감격적인 일이다.

영국의 철학자 존 로크(John Locke)는 독서에 대해 이렇게 말했다.

"독서는 다만 지식의 재료를 제공할 따름이다. 그 지식을 자신의 것으로 만드는 것은 사색의 힘이다."

깊이 있는 독서의 세계로 빠져들수록 지식과 정보도 숙성되어 더 깊은 사색의 숲을 안내받게 된다. 이전에 미처 생각하지 못한 곳으로 이끌려가기도 한다. 그리하여 때로 한 권의 책이 한 사람의 인생을 바꿔놓을 때도 있다.

엄마가 되고부터 여성들은 책과 담을 쌓기 쉽다. 혼자 있을 때보다 주부로서 해야 할 일이 몇 배로 늘어나니 독서할 시간을 내기가 어렵다. 그러나 끊임없이 배우지 않으면 전업주부든 워킹맘이든 어느 순간 현실에 안주하게 된다. 독서는 배움에 대한 아주 유용한 수단이다. 엄마에게 독서만큼 좋은 배움은 없다.

한 가지 제안을 한다면, 엄마들은 몇 시간 작정해서 독서하기가 어려운 만큼 틈새 시간 활용을 권한다. 주방이나 안방, 거실에 읽고 싶은 책을 한 권씩 놓아두라. 아이들 동화책이나 신문 옆에 엄마가 읽을 책도 가져다놓으라. 일단 책이 눈에 띄게 하는 것이 키포인트다. 그러면 텔레비전 드라마가 방송되기 전 광고 시간이나 아이들이 숙제하는 시간에 엄마도 자연스럽게 책에 손이 가고 읽고 싶은 마음이 생긴다.

육아 기간은 엄마들이 독서 습관을 들이는 시기로도 안성맞춤이다. 주방에서 찌개가 끓는 동안 단 한 줄이라도 읽자. 그 한 줄이 삶의 비전을 가져다주는 등불이 될 수도 있다. 그렇게 독서량이 조금씩 늘다 보면, 이제 무심코 버린 시간을 아까워하게 되고 틈새 시간을 더욱 단속하며 독서하는 습관이 자리 잡게 된다.

책을 많이 읽다 보면, 어느 순간 책을 쓰고 싶다는 생각이 들 수 있다. 나는 송숙희의 《글쓰기의 모든 것》이라는 책을 읽다가 책을 쓰고 싶다는 나의 욕망과 만났다. 그전에 인터넷에 틈틈이 일기를 쓴 적은 있지만 구체적으로 작가가 되어야겠다는 생각은 한 적 없었다. 막연히 '책을 쓰면 얼마나 좋을까?'라는 정도의 마음이 스친 때는 있었지만, 책 쓰기는 아무나 하는 것이 아닌 줄 알았다. 그런데《글쓰기의 모든 것》을 읽다가, 누구나 스토리와 콘텐츠가 있으므로 그 누구든 글을 쓸 수 있다는 말에 용기를 얻었다.

이 한 권의 책이 나를 작가로 만들어주었다.

그런데 사실 따지고 보면 요즘은 많은 사람들이 스마트폰으로 매일 글을 쓰고 있다고 해도 과언이 아니다. 카카오톡이나 카카오스토리로 글을 남기고, 블로그에 자신의 이야기를 올리는 일이 일상인 엄마가 많다.

실제로 블로그에 육아, 요리, 여행 또는 일상의 이야기를 올리다 책으로 출간하자는 출판사의 요청으로 작가가 되는 경우도 종종 있다.

그만큼 예전에 비해 책을 출간하는 일은 쉬워졌다. 꼭 책을 출간할 목적이 아니더라도 모든 엄마들이 글쓰기와 친해졌으면 한다. 글쓰기의 위력은 그 사람의 삶을 송두리째 뒤바꾸어버릴 정도로 막강하기 때문이다.

작가 김병완은 그의 저서《기적의 글쓰기》에서 "글쓰기는 어린아이가 놀이터에서 노는 것과 같다"고 했다. 어린아이가 놀이터에서 노는 것처럼 즉흥적으로 자유롭고 신나게 노는 것이라는 말이다.

그는 '무엇을 쓸 것인지' '어떻게 쓸 것인지' '오늘 몇 시간을 쓸 것인지' 생각하기보다는 오로지 노트북을 펼쳐놓고 그저 쓰기만 하라고 조언한다. 참 일리가 있는 말이다. 무엇이든 어렵게 생각하면 시도조차 못한다. 하지만 놀이터에서 놀듯 자유롭게 글을 쓰다 보면 어느새 엄마의 능력이 자라 그것을 밖으로 끄집어낼 시간이 올 것이다.

나는 두 번째 저서 《엄마는 아이의 미래다》에 '행복한 엄마 되기 실천법' 5가지를 제시했다.

❶ 나의 장점을 적어본다.
❷ 매일 규칙적으로 걷는다.
❸ '다행일기' 를 작성해본다.
❹ 하루 다섯 가지에 감사한다.
❺ '두통일기' 를 작성해본다.

우리가 매일 이 다섯 가지를 다 실천할 수 없지만 유용한 대로 '다행일기' 또는 '감사일기' 를 써보면 어떨까?

이런 일기를 쓰면 '다행이다' '감사하다'라는 긍정적인 생각이 들어 좌뇌의 전두엽이 활성화되고, 뇌에 긍정적인 회로가 생겨난다. 긍정적인 회로가 생기려면 습관이 들어야 하는데, 이것이 습관이 되려면 최소 3주가 걸리고, 자동화되는 데는 2~3개월 정도가 걸리므로 꾸준히 써야 한다.

미국의 소설가 엔다 퍼버(Enda Ferber)는 "글을 쓴다는 것은 죽을 때까지 삶 자체를 연인으로 두는 일이다"라고 말한다. 연인이라니 얼마나 가슴 떨리는 단어인가?

글을 쓰는 작가라면 안다. 꽃도 바람도 잠든 창문에 초록빛 별 몇 개만이 떠 있는 새벽, 실타래같이 풀어지는 글을 쓰며 번져오는 온갖 빛깔의 기쁨과 만족감, 성취감이 어떤 것인가를.

책을 읽고 글을 쓰는 일은 작가만의 업이 아니다. 독서를 좋아하고 꿈을 가진 엄마라면 누구나 할 수 있다.

독서와 글쓰기는 엄마의 인생을 풍요롭고 아름답게 가꾸어준다. 그런 연인을 옆에 두는 일처럼 설레는 일이 또 있을까?

변하지 마라

세한송백(歲寒松柏)의 법칙

겨울이 되면 나무들은 왜 잎을 다 떨어뜨릴까? 그 이유는 혹독한 추위를 이기기 위해서라고 한다. 하지만 겨울이 돼도 잎을 떨어뜨리지 않는 나무가 있다. 상록수라고 불리는 소나무[松]와 잣나무[柏]가 그것이다. 《논어》의 '자한' 편에 송백(松柏)에 대한 이야기가 나온다.

'세한(歲寒, 추운 겨울)이 지난 후에 소나무와 잣나무가 늦게 시든다는 것을 안다.'

잎이 무성한 여름에는 소나무와 잣나무가 눈에 띄지 않지만, 겨울에 와서는 두 나무의 진면목이 드러난다. 다른 나무들은 앙상한데 소나무와 잣나무는 변함없이 잎을 달고 있기 때문이다.

세한송백(歲寒松柏)이란 사전적으로는 '추운 겨울의 소나무와 잣나무'라는 뜻으로, 어떤 역경 속에서도 지조를 굽히지 않는 사람 또는 그 지조를 비유적으로 이르는 말이다.

우리 집은 아파트 4층이다. 서재 바로 앞에 4층 높이까지 훌쩍 자란 미인송(소나무의 일종으로 키가 매우 큰 소나무) 두 그루가 보인다. 사시사철 같은 모습으로 지조 있게 서 있는 나무를 보다 문득 삶을 되돌아볼 때가 있다. 변하지 않고 산다는 게 그리 쉽지 않음을 살면서 많이 느꼈기 때문이다.

꿈 많은 여고 시절을 거쳐 하고 싶은 것, 가고 싶은 곳도 많았던 적이 언제였나 싶을 것이다. 결혼과 함께 성장이 멈춰버린 엄마의 꿈은 어느덧 뒷전으로 밀려나고 만다. 남편과 아이의 꿈이 엄마의 대체물로 자라나기 시작하면서부터다. 그렇다고 엄마의 꿈이 아주 사라진 것은 아니다. 엄마는 가끔씩 꿈을 들여다보며 '나도 언젠가는…….' 하는 마음이 들지만 엄마들은 그것을 토닥일 시간이나 마음의 여유가 없어졌다고 말한다.

누군가 꿈을 가졌다는 것은 인생의 과녁을 정했다는 말과 같다고 했다. 내가 원하는 꿈, 즉 인생의 목표를 가지고 산다는 것은 인생의 풍요로움과 행복, 성취감을 경험하기 위한 도약을 준비하고 있다는 말이다. 꿈이 있는 엄마는 하루를 살더라도, 그 꿈이 비록 남루하더라도 매만지고 들여다보는 쏠쏠한 재미를 안다.

우리는 익숙하고 편안한 환경, 즉 안전지대에 머물려는 속성이 있다.

그곳은 위험이 없는 곳이지만 또한 성장도 멈춘 곳이다. 엄마는 가정 혹은 직장이라는 안전지대에 머물면서 꿈을 잃어버리고 살고 있는지 모른다.

혼자 23일 만에 해남 땅 끝에서 임진각까지의 국토 종단을 해낸 열혈 할머니가 있다. 바로 올해 76세를 맞이한 황안나 씨다. 110일간 4,000여 킬로미터에 달하는 해안을 도보로 일주하기도 한 그녀는 《일단은 즐기고 보련다》《내 나이가 어때서?》《안나의 즐거운 인생 비법》의 저자이자 잡지에 여행기를 연재하는 칼럼니스트다. 하루에 1만 명 이상이 찾는 인기 블로그를 운영하고 있으며, 국내는 물론 해외에서도 강연 섭외가 줄을 잇는 강사이기도 하다.

황안나 씨는 40년간 초등학교 교사로 일했다. 그러다 정년을 몇 해 앞둔 어느 날 갑자기 교사 생활을 그만두었다.

"58세 생일에 문득 이런 생각이 들었어요. 2년만 있으면 60이구나. 하고 싶은 게 참 많았는데……. 더 늦기 전에 남은 날을 나를 위해 살아보자. 정말 하고 싶었던 일을 해보자. 이렇게 마음을 먹었죠."

그녀는 매일 새벽에 일어나 동네에서 약간 떨어진 만월산까지 걸어가 산행하고 돌아오는 생활을 하고 있다. 낮에는 문화센터에 다니고, 공연을 보면서 새로운 삶을 마음껏 누렸다.

그러던 어느 날 인터넷에 올라온 지리산 종주기들을 읽었다. 그해 11월 지리산 종주를 감행한 후 그녀의 본격적인 도보 여행이 시작되었다. 2007년에는 산티아고 순례자 길을 아들 내외와 다녀오기도 했다.

최근에는 해외 강연이나 여행을 할 때마다 영어 실력이 아쉬워 영어 회화 공부에 열심이다.

"제 꿈은 하고 싶은 일을 하면서 살아가는 거예요. 많은 사람이 실패를 겁내는데, 그 이유는 결과에만 치중하기 때문이에요. 결과에 매달리다 보니 오히려 과감하게 도전을 못하게 돼요. 지나고 나면 후회하고요. 저는 실패하더라도 일단 하고 봐요. 이제 망설일 시간이 없잖아요. 뭘 더 재겠어요? 그래서 해보고 싶은 건 별로 망설이지 않고 실행에 옮기려 하죠."

그녀는 당장 현관문만 넘어도 이미 80퍼센트 이상은 이룬 셈이라고 말한다. 하고 싶은 일을 마음속에만 접어두지 않고 그것을 위해 한 걸음 옮겼을 때 점과 점이 이어져 선이 되듯 하고 싶은 일을 위해 해야 할 일들이 하나하나 생겨나게 된다. '시작이 반'이라는 말이다.

황안나, 그녀를 보면 실행력이란 게 나이 듦과는 별 상관없다는 것을 알 수 있다. 실패를 두려워하지 않고 도전하는 그녀에게서 엄청난 에너지가 느껴진다. 꿈은 실행하는 순간부터 현실이 된다. 꿈꾸는 것에 머물지 않고 단 한 번이라도 꿈을 행동으로 옮긴다면 꿈은 이루어지기 마련이다.

사람은 세월만으로 나이가 드는 것이 아니다. 변화와 성장을 멈추었을 때 퇴화가 시작된다. 엄마도 마찬가지다. 가정이라는 광야에서 가족의 짐을 지고 가는 낙타의 삶을 청산하자. 홀가분하게 미래를 준비하는 이기적인 엄마가 되어야 한다.

나는 너무 바쁘게 살다 퇴직한 후, 이제 치열하게 살았으니 조금은 여유 있게 살자는 마음이 살짝 고개를 든다. 하지만 앞으로 살 긴 인생을 알차고 즐겁게 보내기 위해서는 배움을 절대 놓을 수 없다. 은퇴 후에도 그간에 쌓인 연륜과 지혜를 모아 인생 2막을 준비해야 한다.

젊었을 때나 늙었을 때나 세상을 살아가면서 지나온 모든 순간이 배움의 장이 되고 꿈을 찾는 재료가 된다. 나에게는 책이 꿈을 찾는 재료가 되었다.

나도 조금 늦게 꿈을 이루었지만 책 쓰기에 대한 배움은 계속될 것이다. 틈만 나면 글을 쓰느라 현직에 있을 때보다 더 바쁜 삶을 살고 있다. 큰돈은 아니지만 수입도 생기고 좋아하는 일도 할 수 있으니, 이만한 일을 찾기 힘들다. 또한 나는 '부모교육연구소' 라는 1인 기업의 대표이자 오피스리스 워커(officeless worker)다. 부모 교육 강의나 출간 기념 강연회를 이끌기도 한다. 노트북만 있으면 어디든 내가 머무는 곳이 나의 일터다. 나를 불러주는 곳이라면 어디든 갈 수 있다.

엄마의 꿈이 무엇이든 그것을 찾으려는 노력이 필요하다. 꿈을 찾았다면 변하지 말고 지켜야 한다. 꿈을 꿈으로 남겨두지 말자. 그것으로 어떻게 인생을 조각할 것인지 오래 생각해봐야 한다.

Part 6

나만의 공부법

- 공부 속에 미래가 있다

세상과 통하라

'아는 것이 힘이다'라는 말이 있다.

요즘은 인터넷으로 웬만한 일들을 다 처리할 수 있다. 전에 은행에 가야 하는 것이 너무 번거로워 큰맘 먹고 혼자서 인터넷 뱅킹에 필요한 공인인증서를 만들었다. 공인인증서를 알지 못했다면 나는 여전히 은행에 직접 가는 불편을 감수하고 있었을 것이다.

처음에는 인증서 만드는 절차가 귀찮다고 생각했으나 막상 이용하게 되니 쉽고 효율적이다. 모든 일도 마찬가지가 아니겠는가.

그동안 남이 블로그를 운영하는 것을 보며 부러워하다 직접 만들어보겠다고 생각하게 된 계기가 있었다. 재작년 5월쯤 한참 '책 쓰기'에 대한 책을 읽으며 '나도 언젠가 책을 쓰리라'고 다짐하고 있던 차다. 아직 책을 쓰진 않았지만, 작가는 독자와 소통하는 마케팅 도구로 반드시 블로그를 해야 한다는 누군가의 말에 마음이 솔깃했다.

나는 인터넷 쇼핑몰에서 〈블로그 만드는 실전 노하우〉 〈파워 블로그 만드는 방법〉 〈포토샵으로 사진 꾸미기〉 등 이 세 개의 CD를 주문했다. 그래서 틈날 때마다 CD를 보며 공책에 블로그 만드는 방법을 적고, 한 가지씩 블로그를 만들었다.

블로그에 대해 아무것도 아는 것이 없었고 설명을 들어도 이해하지 못하는 것이 많았다. 그래서 시간이 꽤 걸렸다.

하지만 이렇게 허접하게나마 만들어놓고 나니 뿌듯했다. 한 명 한 명 이웃이 늘고, 나도 다른 사람의 이웃이 되었다. 블로그를 통해서 세상과 만나는 과정은 신세계였다.

블로그를 만드는 것은 어렵지 않다. 먼저 네이버에 가입하면 자동으로 블로그가 생성된다. '네이버' → '블로그' → '내블로그'로 들어가서 글을 하나씩 포스팅하면 된다.

포스팅이란 블로그에 사진, 글, 영상 등을 올리는 행위를 말하는데, 방법만 알면 쉽게 할 수 있다.

블로그를 통해서 얻는 이득은 참 많다. 그 중에서 몇 가지를 정리해보았다.

첫째, 다양한 사람들과 소통하게 된다.

어떤 주제에 대해 공감하고 댓글을 달면서 소통하는 즐거움을 누리게 된 것이 가장 큰 소득이라고 생각된다. 일상생활에서는 만나지 못하는 다양한 연령과 취미를 가진 사람들을 만날 수 있다. 블로그를 통해 그 사람들과 정보를 교환하고 삶을 공유한다.

둘째, 가벼운 글쓰기를 할 수 있다.

다른 사람과의 소통 못지않게 중요한 것이 바로 글을 써서 올리는 것이다. 글만 써서 올리는 것이 아니다. 사진을 함께 올리면서 그 사진에 대한 설명이나 생각도 쓰게 된다. 그러면 자연스럽게 글쓰기 실력이 는다.

셋째, 마케팅에 유용하다. 나비의 날갯짓과 같은 작은 변화가 증폭되어 폭풍우가 된다는 나비효과처럼 블로그도 글이라는 날갯짓을 통해 커다란 마케팅 효과를 낸다. 처음엔 효과가 미미하지만 블로그가 커지면서 영향력 역시 커지게 된다.

2012년에 〈크리스천연합신문〉에 〈엄마 파워 블로거, 아프리카 니제르로〉라는 글이 실린 적이 있다.

'전 세계 엄마 파워 블로거들이 아프리카 니제르 구호 현장에 모였다. 서아프리카 가뭄 상황이 악화되면서 니제르를 비롯한 서아프리카 지역 여러 국가는 식량 위기를 겪고 있다. 니제르는 지난해 10월부터 시작된 심각한 기근으로 인해 600만 명이 넘는 사람들이 식량 부족을 겪었다. 하지만 국내뿐 아니라 국제사회의 관심은 그리 많지 않다. 가난하고 소외된 이들을 돕는 국제구호개발기구 월드비전은 식량 위기를 맞은 서아프리카에 대한 관심을 모으기 위해 전 세계의 온라인 영향력자인 '엄마' 블로거들을 니제르에 초청했다.

한국, 독일, 호주 3개국의 엄마 파워블로거들은 4월 2~6일까지 4일 동안 니제르의 사헬 지역을 돌아보고 계속된 기근, 고물가와 비싼 식량, 축적된 식량의 부족 등으로 인해 식량 위기를 겪고 있는 아이들과 어머니들을 직접 만나 같은 엄마로서 니제르의 엄마들과 고통을 나눈다.'

전 세계 블로거들이 어떻게 니제르 현장에 모일 수 있었을까? 블로그라는 플랫폼을 통해 온라인으로 소통할 수 있었기 때문이다.

하지만 꼭 이렇게 거창한 것이 아니라도 좋다. 블로그를 통해 소소한 이야기도 나눌 수 있다. 삶의 이야기, 여러 가지 생각, 여행이나 스냅 사진 등도 올리고, 일상의 글도 올리면서 말이다.

실제 육아와 일상의 글을 써서 모아놓은 블로그를 운영하다 《지랄발랄 하은맘의 불량육아》에 이어 《군대육아》라는 책을 낸 김선미 작가가 있다.

그녀는 블로그 운영이나 저술 활동뿐만 아니라, 문화센터 등에서의 강연을 통해 엄마들의 속 시원한 멘토가 되고 있다.

전업주부가 만날 수 있는 이웃이란 한정적이다. 아이 스케줄에 맞추다보면 마음 놓고 친구를 만나는 것도 쉽지 않다. 그러나 블로그를 만들어 운영하다 보면 직접 만나지 않아도 전 세계 사람들과 정보를 나누는 것은 물론, 일상 이야기로 소통할 수 있으니 일석이조 아닌가?

나도 처음 포스팅할 때는 익숙지 않아 매번 애를 먹었다. 하지만 무엇이든 단 한 번에 나무를 벨 수 없듯이 하나씩 익힌다는 마음으로 천천히 하면 된다.

블로그를 시작한 지 일 년이 지난 지금은 포스팅하는 데 별 어려움이 없다. 지금은 하루 수십 명에서 많게는 수백 명의 이웃이 내 블로그를 방문하고 있다.

블로그는 다른 세상을 만나는 통로다. 만드는 수고에 비해 엄청난 기쁨을 준다. 배움은 곧 즐거움이고 앎의 기쁨은 삶을 풍요롭게 한다. 나에게 내 블로그는 좁게는 나와 내 저서를 홍보하는 수단인 동시에, 나아가 넓게는 독자와 세상, 그리고 내가 서로 '통'하는 소중한 공간이다.

쓰면 잊지 않는 '메모하기'

내 가방에 항상 들어있는 필수품이 있다. 수첩과 필기도구, 그리고 언제든지 시간이 있을 때 읽을 수 있는 책 한두 권이 그것이다. 언제부터인가 나는 메모하는 습관이 배어 약속이나 할 일, 만나야 할 사람이 있으면 수첩에 꼭 기록한다. 때로는 휴대전화의 메인 화면 플래너에 기록하기도 하지만, 아직은 직접 기록하는 것이 더 익숙하고 편하다.

사가토 켄지(坂戸健司)가 쓴 《메모의 기술》에는 이런 말이 있다.

'잊지 않기 위해 메모하기보다 잊기 위해 메모한다.'

이 문장을 처음 봤을 때 나는 나도 모르게 손뼉을 쳤다. '잊기 위해 메모한다'는 저자의 글을 보고, 덜렁대고 늘 깜빡하던 나는 그때부터 작은 수첩을 가지고 다닌다. 그 뒤로 약속이나 일정 등을 꼭 기록하는 습관을 갖게 되었다.

나는 새벽에 하루 일정을 계획하면서 기록한 것을 점검한다. 이렇게 하면 중요한 일을 빠뜨리거나 약속 시간을 깜빡할 일이 없어 규모를 가늠할 수 있는 삶을 살게 된다. 계획대로 된 부분은 체크를 하고 다음으로 미룬 것은 다시 미룬 날짜에 기록한다. 메모가 습관이 된 후로는 '아, 깜빡했네?' 하는 일이 없어졌다.

이 메모는 나의 생활 습관을 바꿨을 뿐 아니라, 내 인생도 바꾸었다.

메모하는 습관을 가진 것은 지금으로부터 약 20여 년 전, 나에게 《메모의 기술》은 충격이었다. 메모를 단순히 '끄적거림'의 수준으로 이해하고 있던 나에게 《메모의 기술》은 메모가 '기술'이자 '과학' 임을 일깨워주었다.

그때부터 일상의 약속은 물론, 머릿속에 떠오르는 아이디어가 있으면 바로 메모를 했다. 바로 적어놓지 않으면 물거품처럼 사라질 수도 있기 때문이다. 메모를 하고 시간이 지난 뒤 보면 '맞아. 그때 내가 이런 생각을 했었지' 하고 무릎을 치게 된다.

꿈을 가진 사람은 많이 있지만, 대부분 꿈을 이루지 못하고 있는 이유는 자신의 꿈을 '기록'하지 않았기 때문이다. '기록'하지 않았다는 말은 자신이 무엇이 되고 싶은지 잊은 채 살아가고 있다는 말과 다르지 않다.

우리는 날마다 일어나기 바쁘게 화장을 하고 시간에 쫓겨 출근한다. 정신없이 지내다 보면 어느새 퇴근이고 하루가 저문다. 전업주부도 남편과 아이들을 보내고 나면 하루가 어떻게 지나가는지도 모르게 산다. 이런 일이 일평생 계속 된다고 하면 생각만 해도 아찔하다.

우리가 생물학적으로만 활동하며 일생을 보낸다면 그 삶은 얼마나 허무하겠는가? 다행히 인간은 생각하는 동물이고, 유일하게 꿈을 품고 살아가는 존재다. 이보다 더 아름답고 행복한 일이 있을까?

꿈을 이루는 것은 결코 쉬운 일이 아니다. 매일 꿈을 기록하고 확인하고 노력하지 않으면 꿈이란 한낱 신기루에 불과할 것이다. 그리고 간절한 마음은 식어갈 것이다. 그래서 종이에 쓰고 그 간절한 것을 눈으로 보고 마음으로 다짐하며 1센티미터라도 앞으로 나아가야 한다.

우리가 막연하게 꿈을 꿀 때, 그것은 밤하늘의 은하수처럼 아득하다. 하지만 꿈을 종이에 쓰고 상상하면 꿈을 뇌가 조금씩 인식하고, 그것을 이루기 위해 최선을 다하게 된다. 말하자면 종이에 기록한 꿈을 볼 때마다 온몸의 세포 하나하나에 간절함이 깃들게 된다.

리처드 바크(Richard Bach)의 《갈매기의 꿈》은 수많은 출판사에서 거절한 원고였다. 그래도 리처드 바크는 포기하지 않았다.

그는 벽에 다음과 같은 말을 써서 붙여놓고, 자기에 대한 믿음을 버리지 않았다.

'갈매기의 꿈이 세상 사람들에게 인정받는 날은 반드시 온다.'

그는 아침에 눈을 뜨는 대로 벽에 붙여놓은 문장을 소리 내어 읽었다. 그러면서 자신의 꿈이 이뤄지는 상황을 계속해서 상상했다. 그렇게 9년이 흘렀다. 종이가 누렇게 바랬다. 캘리포니아 연안에 히피족들이 모여들었다. 히피들 사이에서 성경처럼 읽힌 책이 그가 끝내 자비로 출판한《갈매기의 꿈》이었다.

얼마 후《갈매기의 꿈》은 한 출판사의 눈에 띄어 정식 출간되었고, 그 뒤 20여 개국에서 번역 출간되었다.《갈매기의 꿈》은 자그마치 1천만 부가 넘는 초대형 베스트셀러가 되었다.

근래에 나는 꿈을 사진으로 시각화하는 '보물 지도'를 만들었다. '보물 지도'란 적는 것에서 더 발전하여 갖고 싶은 것, 하고 싶은 것, 가고 싶은 곳의 그림이나 사진을 글과 함께 붙여 벽에 걸어놓는 것이다.

일본의 모치즈키 도시타카(望月俊孝)가 지은《보물 지도》를 보고 만들었다.

'보물 지도'를 자주 보면 욕망이 잠재의식에 강하게 입력된다. 그래서 원하는 게 그만큼 더 쉽게 이루어진다. 글과 시각화할 사진이 함께 있으므로 보다 강력한 효과를 가져온다.

나는 책을 읽을 때나 읽은 후에도 항상 메모를 한다.

책을 읽을 때는 옆에 볼펜과 노트를 둔다. 책에 줄을 긋거나 메모도 하지만 노트에도 따로 감명 깊은 문장을 적거나 느낌이나 생각을 적어놓는다.

텔레비전을 볼 때도 수첩과 필기도구를 준비한다. 광고나 드라마 속 등장인물의 말도 예사로 흘려듣지 않는다. 잘 눈여겨보고 새겨들으며 마음에 와 닿는 내용은 메모한다.

메모를 하면 모든 것을 예사로 보지 않는 습관이 생긴다. 기차나 시장 등 사람들이 모인 곳에서 하는 대화도 귀 기울여 듣는다. 길을 걸을 때도 의미가 있는 간판이나 눈에 띄는 광고 문구를 보면 메모해 두게 된다.

공부하거나 책을 읽을 때 그 순간의 깨달음은 시간이 갈수록 기억 속에서 사라진다. 에빙하우스(Hermann Ebbinghaus)의 망각 곡선을 보면 시간과 기억은 반비례하기 때문에 바로 메모하지 않으면 잊게 된다. 그래서 나는 책을 읽을 때 반드시 색깔별로 펜과 포스트잇을 준비한다.

책을 읽을 때의 느낌이나 생각나는 것을 바로 읽는 책의 행간이나 여백에 적는다. 더 중요하거나 참고할 내용은 책의 앞부분에 기록해 놓는다.

메모는 그 당시 생각의 흔적이다. 그 흔적을 흘려보내지 말고 메모로 남겨야 내 것이 된다.

같은 곳을 보지만 볼 수 있는 사람이 있고 아무 것도 볼 수 없는 사람이 있다. 이것이 바로 관심의 차이다. 메모하는 습관은 일상을 돋보기로 보게 해줄 뿐 아니라, 자신의 일상을 규모를 가늠할 수 있는 삶으로 이끈다. 꿈의 규모를 가늠할 수 있는 삶, 그것만으로도 당신의 삶은 성공한 것이다.

나만의 보물찾기 '독서'

독서는 모든 공부의 시작이자 끝이다. 나는 자기계발서와 인문학 도서를 통해 끊임없이 지적 자극을 받는다. 독서는 내 삶의 가장 중요한 부분을 차지하고 있다. 그만큼 독서가 나에게 주는 즐거움과 새로움은 말로 다 할 수 없이 크다고 할 수 있다.

우리 가족은 아이들이 자랄 때 도서관 앞집으로 이사를 갔다. 거기서 막내가 고등학교를 졸업할 때까지 15년을 살았다. 가스통 바슐라르(Gaston Bachelard)는 도서관을 '천국'에 비유했다.

내가 '천국'에서 보낸 시간은 적지 않다. 처음에는 책을 빌려서 보았으나 차츰 책을 사서 보는 양이 많아졌다.

유난히 추위와 더위를 많이 타는 나에게 도서관은 좋은 피난처였다. 수많은 책이 열람실 서가에 가득 꽂혀 있는 것만 보아도 마음이 흐뭇했다.

우리 집이 잘 보이는 3층 열람실 한 쪽에 내가 공부하고 책 읽던 자리가 있다. 책을 읽는 그 시간은 정말 행복하고 편안했다.

나는 독서를 통해 반복적인 일상에서 새로운 에너지를 더하고 더욱 도전적인 삶을 살고 있다. 자신을 이해하기도 하고 치유와 성장을 경험한다. 인문서를 읽으며 선인들의 지혜를 탐독하고, 시간 관리나 독서법은 내 삶의 규모를 점검하게 해준다.

버지니아 울프(Adeline Virginia Stephen Woolf)에게 삶의 의미를 묻고, 《손자병법》을 통해 인생과 경영의 지혜를 배운다. 브라이언 트레이시를 통해 성공의 비밀을 건네받고, 박완서의 글을 통하여 세상을 바라보는 따뜻한 시선을 배운다. 매일 《성경》을 묵상하면서 영적인 축복을 누리는 것도 빼놓을 수 없는 나만의 행복이다.

독서는 최소의 경비로 누리는 최고의 정신적 사치다.

육아에 관한 책들은 내가 아이를 키우는 데 큰 도움이 되었다. 교육대학원에 들어가 공부한 심리학 분야는 청소년기 우리 아이들을 이해하는 데 결정적 역할을 했다.

독서는 한 번으로 끝나는 것이 아니라 계속 이어졌다. 가계가 어려울 때 반찬 값 아껴 책 한 권 사 읽으며 아무도 모르는 정신적 풍요로움을 만끽했다.

형편이 다소 나아진 지금은 사고 싶은 책이 있으면 온라인 서점 카트에 보관했다가 한꺼번에 구매한다.

지나가다 서점이 보이면 참새가 방앗간을 지나치지 못하듯 꼭 들어가 무슨 책이든 사게 된다.

특히 내 책이 출간된 뒤로는 서점에 드나드는 횟수가 늘었다.

요즘은 서울에 갈 일이 많아 기차를 자주 탄다.

그런 날은 가방에 책 한두 권을 꼭 챙긴다. 그렇게 기차 안에서 두세 시간 동안 오롯이 책에 몰두하는 시간은 정말 행복하다. 책이 없으면 무척 지루하여 낮잠을 자거나 멍하니 공상을 하게 된다. 하지만 독서를 하면 시간이 어떻게 지나가는지 모른다. 가벼운 책은 한 권을 다 읽을 때도 많다. 무거운 주제라도 반은 읽게 된다.

"나무를 알고 싶으면 나무한테 가라."

17세기 일본의 유명한 하이쿠 시인인 마쓰오 바쇼(松尾芭蕉)의 말이다.

나탈리 골드버그(Natalie Goldberg)는 이 말이 무언가 제대로 배우고 싶다면 근원을 찾아가야 한다는 의미라고 해석했다.

나는 그 말에 동의한다.

우리는 살아가는 동안 배워야 할 것이 많지만 경험과 만남에는 한계가 있다. 하지만 내가 알고 싶으면, 경험하거나 만나지 않고도 알 수 있다. 독서를 통해서 말이다.

처음에 엄마가 책 읽는 시간을 확보하기 위해서는 치열한 자기와의 싸움을 해야 한다. 집안일이나 육아가 끝도 없는데 그 가운데 책 읽는 시간을 확보하기는 어려워보인다.

틈이 나면 미루어둔 설거지나 빨래를 하든지 아니면 낮잠을 자게 된다. 내 경험으로는 독서에 대한 '간절한 마음'이 있어야 독서 시간을 확보할 수 있다.

뉴스나 꼭 봐야 할 프로그램을 정해 놓고 텔레비전을 시청하면 남보다 많은 독서 시간을 확보할 수 있다. 육아를 하는 엄마라면 최소한 아이가 책을 읽거나 공부하는 시간에 같이 책을 읽을 수 있을 것이다. 엄마가 책을 읽고 공부하는 모습을 보여주면 아이는 삶의 긍정적인 모델로서 부모를 보게 된다.

당연히 아이에게도 책 읽는 습관이 몸에 배인다.

책을 어떤 방법으로 읽어야 하는지도 중요하다. 나의 책 읽는 방법 몇 가지를 소개한다.

첫째, 책을 읽을 때 감동을 주는 문장에는 줄을 치거나 메모를 한다. 앞에서 언급했듯이 단순히 책을 눈으로만 읽지 않는다. 책과 함께 빨간색 펜을 준비하여 줄을 긋거나 별표도 치고 행간이나 빈 여백에 메모를 한다. 때로는 포스트잇을 붙여 중요 부분을 바로 찾을 수 있도록 한다.

초보 독서가일 때는 읽는 것으로 만족했다면 이제는 치열하게 읽으면서 메모하는 것을 잊지 말자. 그래서 나는 요즘 도서관에서 책을 빌려보기보다 사서 읽고 있다.

둘째, 한 번에 한 권을 처음부터 끝까지 읽을 필요는 없다.

나는 책 한 권을 읽으면 끝까지 읽어야 한다는 고정관념이 있었다. 물론 소설이나 줄거리가 이어지는 책은 처음부터 끝까지 읽어야 하지만, 모든 책을 다 그렇게 읽을 필요는 없다.

책을 읽을 때, 먼저 목차를 본다. 그중에 내가 더 시선이 가는 꼭지 제목에 빨간색 펜으로 밑줄을 긋거나 동그라미를 친다. 그 꼭지를 먼저 읽어나간다. 그렇게 되면 그 책에 대한 흥미가 더해진다. 너무 어렵거나 읽고 싶지 않은 내용이 있으면 건너뛰어도 된다.

셋째, 한 번에 여러 권을 동시에 읽는다.

예전의 나는 책을 한 권 읽기 시작하면 그 책을 다 읽은 후에 다른 책을 읽었다. 다른 책을 읽고 싶어도 아직 다 읽지 않은 책이 있기 때문에 다른 책을 읽어서는 안 된다고 생각했다.

하지만 꼭 그럴 필요는 없고 열 권을 동시에 읽어도 상관없다. 저자나 장르와 상관없이 여러 책을 동시에 읽으면 사고의 강물을 넘나들기 때문에 의식이 더 확장될 뿐만 아니라 확산적 사고가 생긴다.

당장 읽을 책이 아니더라도 책상 위에 책을 여러 권 쌓아 놓으라. 다른 책을 읽다가 마음이 끌리는 대로 읽으면 된다.

책을 읽는 이유는 단순히 지식이나 정보를 섭렵하는 것이 아니다. 독서를 통해 사고를 변화시키고, 꿈을 업그레이드할 수 있다. 삶에 대한 유연한 통찰력을 기르고, 성공하는 인생을 영위할 수 있다.

집안일과 아이 뒷바라지하기도 여의치 않은 엄마가 책 읽는 시간을 확보하려면 '혁명'이 필요하다. 집안일을 마치 회사 일처럼 해야 한다. 효율적인 프로세스를 가동시켜 가사 일은 몰아서 해야 한다. 예를 들면, 오전 10시까지 설거지와 청소를 마친다든지, 오후 9시 이후에는 책을 읽는다는 뚜렷한 계획이 있어야 한다.

많은 시간과 공을 들이지 않아도 마음만 먹으면 얼마든지 할 수 있는 것이 독서이다. 오롯이 자신만의 시간을 남겨 책 속으로 몸을 던지자. 아이보다 엄마가 먼저 책을 읽자.

신문 읽기

나는 조간신문을 보며 하루를 시작한다.

신문은 우리나라뿐 아니라 전 세계에서 일어나는 일을 들여다볼 수 있는 창이다. 또, 신문은 우리에게 오늘의 역사를 말해줄 뿐 아니라 수많은 정보와 사람 사는 세상을 보여준다.

종이 신문이 익숙해서인지 나는 좀처럼 이 방법을 버리지 못하고 있다. 아마 내가 글을 쓰는 작가로 사는 한 종이 신문 사랑은 계속될 것 같다.

'인간은 사회적 동물이다'라는 말이 있다.

인간은 이 세상을 혼자서 살 수 없다. 사회의 구성원 중 하나로 살아야만 한다. 그러기 위해서는 세상을 알아야 한다. 말하자면, 세상 공부가 필요하다.

먼저 신문을 펼쳐놓고 큰 글자로 쓰여 있는 지면의 제목을 찬찬히 살펴본다. 그중에서 마음에 드는 기사를 먼저 읽는다(나는 아직 딱딱한 기사보다 교육 관련 칼럼이나 시처럼 감성적인 문구가 있는 글을 좋아한다). 마음에 드는 기사는 가위로 오려내고 파일에 철해서 보관해둔다. 그리고 가끔 파일을 들여다보거나 글을 쓸 때 필요하면 각색이나 인용도 한다.

신문에 나온 뉴스나 화젯거리를 보고 아이들과 자연스럽게 이야기나 토론을 할 수도 있다.

나는 우리 아이들이 중학생 정도 되었을 때 신문에 나와 있는 큰 제목을 읽도록 했다. 그렇게 자연스럽게 큰 제목만 읽다가 자신이 관심 있는 부분은 좀 더 자세히 읽게 했다. 일찍 사회에 눈을 뜨게 말이다.

아이들이 고등학생일 때에는 신문의 사설(社說) 중 하나만 골라 아침에 스크랩해서 가방에 넣어 학교에 가져가도록 했다. 시간에 쫓길 때는 내가 직접 읽을 만한 가벼운 소재의 사설을 오려주었다. 학교 아침 자습 시간이나 쉬는 시간에 읽을 수 있도록 말이다. 그렇게 하면 아이에게 언어 능력뿐 아니라 비판적 사고도 길러줄 수 있다.

나도 신문에서 빠뜨리지 않고 읽는 부분은 사설이다. 사설을 읽으면서 기고자의 생각을 숙고하고, 나의 관점에서 다시 생각해본다. 그리하여 비판적 사고가 생기게 된다.

아무리 아이 때문에 바쁜 엄마라도 신문 읽기를 권장한다.

신문 한 달 구독료는 책 한 권 값과 비슷하다. 이 돈으로 이만큼의 정보와 새로운 지식을 얻는 데 신문만 한 것이 없다.

지금 현대 사회는 과거에 비해 엄청난 속도로 변하고 있다. 잠깐 방심하는 사이 우리는 시대에 뒤처진 사고방식을 갖기 쉽다. 아이를 키우는 엄마로서 이보다 더 위험한 일은 없다.

아이가 사춘기를 지날 때, 이렇게 말할는지도 모른다.

"엄마는 세상을 너무 몰라. 엄마랑 얘기 안 할래."

이것은 남의 집 이야기가 아니다.

나는 예전에 청소년들이 좋아하는 가수나 최근에 유행하는 노래를 잘 알지 못했다. 지금도 여전히 그런 대화에는 잘 끼지 못하지만, 최근에 일어나는 화제가 될 만한 뉴스는 신문을 통해 늦지 않게 부지런히 따라잡고 있다. 조간신문에 실려 있는 1면 기사를 보면서 아이와 생각을 나누기도 하고, 연예 기사나 스포츠 기사는 제목만 보고도 소통이 된다.

많은 일간지에서는 자기네 일간지를 구독을 하면 어린이 신문을 끼워 준다. 아이가 어리다면 부모와 아이가 함께 어린이 신문을 보는 것도 소통의 한 방법이다.

일본의 쓰나미 사건이나 천안함 사건 같은 대형 뉴스의 경우, 같은 사건이라도 기자에 따라 보는 관점이 달라서 기삿거리는 무궁무진하다. 그럴 때 자세한 내용을 모르는 아이들에게 숨은 이야기를 해주면 귀를 쫑긋 세운다.

때로는 성공한 인물에 대한 기사를 접할 때가 있다. 그러면 그 인물이 어떻게 성공하게 되었는지 읽어보는 것도 큰 동기부여가 된다. 그래서 나는 이런 성공한 인물에 대한 기사나 인터뷰 기사를 보면 지나치지 않고 꼭 오려둔다. 이렇게 모아둔 자료는 글을 쓸 때 인용하거나 아이들과 대화할 때 이야깃거리로 요긴하게 쓰인다.

다 본 신문이 쌓이면 버리는 것이 문제이긴 하다. 앞으로 사람들이 종이 신문보다 전자 신문을 더 많이 찾는 시대가 올지도 모르겠다. 하지만 나는 전자 신문이 종이 신문보다 가격 대비 저렴하더라도 종이 신문을 버리지 못할 것 같다. 뉴스나 정보를 그냥 눈으로 한번 보고 지나치면 곱씹는 재미가 없다. 나는 한 번 전체를 훑어보고 다시 보고 싶은 것은 정독하거나 스크랩해 두세 번 더 활용한다. 전자 신문의 경우 더 읽고 싶은 부분은 컴퓨터 폴더에 저장해놓고 사용하면 된다.

신문을 읽을 때 주의할 점은 습관처럼 꾸준히, 편하게 읽어야 한다는 것이다. 일단 습관이 되면 어쩌다 신문이 오지 않는 날엔 마음이 허전해질 정도가 된다. 효율로 따지자면 인문, 사회, 정치, 경제 등 모든 것을 아우르는 신문이야말로 최고의 공부 방법이며 공부 재료다.

신문 구독은 책상에 앉아서 외우는 공부가 아니라 세상 공부를 하면서 자연스럽게 익히는 살아 있는 공부라고 할 수 있다.

내가 글을 쓰는 작가가 되겠다며 용기를 얻을 수 있었던 데에는 오랜 '신문 베껴 쓰기'가 그 바탕에 있었다. 신문을 읽다가 사설이나 관심이 가는 기사를 하나 골라 그대로 베껴 쓰면 글 쓰는 실력이 매우 빠르게 향상되었다. 나는 거기서 용기를 얻고 작가의 꿈을 꾸게 되었다.

《개미》, 《뇌》 등의 작품으로 유명한 프랑스 소설가 베르나르 베르베르(Bernard Werber)는 새벽부터 이른 아침까지 글을 쓰고, 나머지 시간은 평범한 도시인으로 산단다. 그런 그의 엄청난 상상력이 대체 어디서 나오는 것인지 어느 기자가 물은 적이 있다. 베르베르는 "그 안에 인간의 모든 것, 세상의 모든 것이 담겨져 있는 신문이다"라고 답했다. 그는 자신이 쓴 소설들의 주제나 소재는 대부분 신문에서 발굴한 것이라고 말했다.

몇 해 전, 내가 6학년 담임을 맡았을 때였다. 우리 반에 '정호'라는 학생이 있었다. 정호는 학교에서 실시한 가족 신문 대회에서 상을 받았는데 초등학생이라고는 믿기지 않을 만큼 정치, 사회, 문화 등 다방면에 박식한 지식을 갖고 있어 나를 놀라게 했다.

알고 보니 정호 엄마는 NIE(Newspaper In Education : 신문 활용 교육) 지도사 자격을 가지고 있었다.

그녀는 자녀를 위해 NIE 지도사 자격증을 취득하여 아이와 함께 신문을 가지고 놀았다. 아이는 엄마와 함께 신문을 읽고 오리고 붙이면서 저절로 사회 현상에 관심을 갖게 되었고 시사에 대한 다양한 정보를 접할 수 있었다.

정호는 초등학교 저학년 때까지 어린이 신문을 읽다가 고학년 때부터 일반 신문을 읽기 시작했다.

나중에 그녀가 대학교 평생교육원 강사로 일반인들을 가르치게 되었다는 소식을 들었다.

정호 엄마를 보면 공부와 성장이 '엄마 따로 아이 따로'라는 생각이 들지 않는다.

신문은 우리에게 '세상'뿐만 아니라 '세상을 살아가는 지혜'를 가르쳐준다. 신문은 지금 이 시대의 매순간에 대해 말한다. 우리에게 그날치의 신문은 그날치의 멘토인 것이다.

낯선 곳으로

나는 낯선 곳에 가는 것을 좋아한다. 여행 전문가도 아니고, 여행할 기회도 많지 않다. 그래도 기회가 되어 여행을 가게 되면 낯선 곳을 찾아다니는 편이다.

학교에서 초등 교사로 일할 때는 오랫동안 여행은 언감생심 생각도 못했다. 어쩌다 어린이날이나 다른 공휴일 때 아이들 성화에 여행지나 놀이공원이라도 가면 즐거움을 느끼기보다 힘들었던 기억만 있다.

두 살 터울의 딸 둘이 초등학교에 들어가 조금 삶의 여유가 생길 무렵 셋째 아이를 출산하여 여행은 내 삶에서 더욱 멀어졌다. 그 시절, 일상의 모든 것을 뒤로한 채 가족끼리 어딘가 훌쩍 떠나는 사람들을 보면 무척 부러웠다.

나는 낯선 곳을 즐기는 나만의 방법을 찾았다.

나는 보수적이고 완벽주의적인 성향이 있다. 학창시절 자타공인 재미없는 모범생이었는데 조금이라도 삐뚤게 나가면 나 자신이 불편했다. 그래서 강박적인 성격대로 항상 가던 길을 가는 것이 편했고 정해진 길을 따라갔다. 그런데 그것이 어른의 눈에 보기에는 칭찬할 만한 것인지 모르겠지만, 틀에 맞추어 산다는 것이 꼭 좋은 것만은 아니다.

나만의 방법이라고 해서 그렇게 특별한 것은 아니다. 나는 가고 싶은 곳이 생기면 사람들이 늘 가는 길로만 가려고 고집하지 않는다. 일부러 돌아가기도 한다.

우리 가족이 저녁식사 후 자주 가는 산책길이 있다. 아파트 건너편 논길을 따라 약 30분 정도 가다 보면 커다란 저수지가 나온다. 양쪽에 논밭이 있어 이런저런 이야기를 나누며 걷기 좋은 길이다.

가끔 낮에 혼자서 산책하러 갈 때가 있다. 이때 새로운 길로 가면 또 다른 재미가 있다. 아파트 뒷산에 오른다든지, 저수지 쪽 말고 앞쪽으로 가면 옛날 집과 이층 발코니가 아름다운 새로 지은 집이 나란히 있는 풍경을 볼 수 있다. 거기서 과거와 현재가 공존하는 것 같은 미묘함을 느낀다.

대형 마트를 가더라도 늘 가던 길이 아니라 다른 길로 가기도 한다. 그럴 때면 처음 보는 집이나 사람을 만난다. 소소하지만 새로운 기쁨이 아닐 수 없다.

어렸을 때, 소풍날이 다가오면 며칠이 남았는지 매일 손가락으로 세어보며 기다렸다. 소풍 전날은 마음이 들떠서 밤을 거의 새우기도 했다. 그곳이 어디든 도시락을 들고 답답한 교실을 떠난다는 것 자체가 설레던 시절이었다.

내 고향은 부여다. 초등학교 때부터 중학교 때까지 학교 소풍지는 부여 부소산이었다.

백제의 수도였던 부여 읍내는 관광할 곳이 많은데도, 소풍은 낙화암과 고란사가 자리 잡고 있는 부소산으로만 갔다.

작년에 부소산에 다녀와서 낙화암의 유래에 대한 글을 블로그에 올린 적이 있다.

낙화암은 660년 백제가 나당 연합군의 침공으로 함락되자 궁녀 3천여 명이 절개를 지키기 위해 꽃잎처럼 뛰어내렸다는 설화가 전해지는 곳이다.

《삼국유사》에 인용된 《백제고기》에 의하면, 부여성 북쪽 모퉁이에 큰 바위가 있고 아래로는 강물이 흘렀는데, 모든 궁녀가 굴욕을 면하지 못할 것을 알고 차라리 스스로 죽을지언정 남의 손에 죽지 않겠다고 하면서 이곳 강물에 빠져 죽었다고 한다.

요새 나는 고향에 갈 때면 부여박물관에 들러 백제 유물과 특별전

시관을 관람하곤 한다. 유년 시절의 소풍 때 보지 못한 백제의 역사가 아쉬워서다.

우리에게 낯선 곳이란 스승일 것이다. 낯섦은 온몸의 세포를 깨우고 감성을 뒤흔든다.

지금으로부터 13년 전 남편과 함께 호주 여행을 한 적이 있다. 지금 남은 것이라고는 사진 몇 장뿐이다. 지금은 어디를 가든지 사진과 함께 여행지에서의 감상을 블로그에 올리게 되니 생생하게 기억을 더듬을 수 있어 좋지만, 그때만 해도 그러지 못했다.

'낯선 곳으로의 여행'이라는 그 자체만으로 마음이 설레던 때였다.

캔버라는 오후 6시가 되면 도시가 컴컴해진다. 저녁에 근처 가게를 찾아나섰다가 문을 연 상점이 없어 빈손으로 돌아왔던 기억이 난다.

호주로 여행을 떠나기 전에는 대도시 상점이 초저녁에 문을 닫는다는 생각을 해본 적이 없었다. 중소도시인 내가 사는 곳에도 관공서를 제외한 거의 모든 상점이 최소 밤 9시는 되어야 문을 닫는다. 밤 12시까지 불을 밝히고 있는 곳도 많다.

캔버라의 상점들이 일찍 문을 닫는 이유는 사회복지가 잘 되어 있어 굳이 밤늦게까지 아등바등 살지 않아도 되기 때문이다.

아기를 낳으면 엄마가 일하지 않아도 될 만큼 정부에서 자녀 양육비가 나온다. 대학 학자금을 대출받은 대학생이 졸업 후 취업이 되지 않으면 대출금을 갚지 않아도 된다.

아, 이런 세상이 있다니! 낯선 땅에 가자 당연하다고 생각했던 것들이 조금씩 부서져나갔다. 편견의 고리가 하나씩 풀리고 고정관념이 깨지기 시작했다.

두 번째로 여럿이 떠난 곳은 베트남이었다. 거기서 오토바이는 자동차와 다를 게 없었다. 오토바이들이 벌떼같이 몰려들어 신호등이 없는 거리를 좌우 대각선으로 이동하는 모습이 정말 신기했다.

나는 베트남의 가난이 지천으로 널려 있는 시장에서 행복의 의미를 헤아렸다. 하롱베이의 밤, 수많은 섬 사이로 떨어지는 별을 바라보며 나는 '인생이란 얼마나 아름다운가' 하고 황홀해했다.

영국의 낭만주의 시인이자 화가인 윌리엄 블레이크(William Blake)는 이렇게 말했다.

"한 알의 모래알에서 하나의 세계를 보고, 한 송이 들꽃에서 천국을 본다."

새로운 풍경이 아닌, 새로운 눈을 갖기 위한 여행은 그래서 특별하다. 그것이 먼 나라든 집 앞 산책길이든, 이른 아침에 만난 자줏빛 나팔꽃과 노란 달맞이꽃을 보고 있으면 설렘과 그리움의 물결로 심장이 두근거린다. 천진한 들꽃의 표정에서 마음이 가벼워짐을 느끼고 문득 옛 친구에게 손 편지를 보내고 싶어진다.

《버리지 않고 떠나기》를 펴낸 김희영 작가는 대학 시절부터 여행을 즐겼다. 지금은 한 아이의 엄마인 그녀는 젊은 나이에 인생의 변곡점을 몇 번 거쳤다. 아버지의 임종, 수술실과 중환자실에서 어머니와 오빠를 보아야만 했다. 그녀의 어린 천사를 하늘나라로 보내야 하는 아픔을 겪기도 했다. 그런 그녀의 영혼을 짓누르던 질곡을 이겨내게 한 것은 '여행'이었다고 한다. 두 번의 시험관 시술에 실패한 후, 그녀는 상실감과 좌절감에서 벗어나기 위해 추석 연휴에 라오스로 떠났다. 거기서 그녀는 '아무 것도 하지 않을 자유'를 누렸다.

그렇게 10여 년간 5대양 6대주에 발자취를 남긴 그녀는 여행의 경험을 살려 《버리지 않고 떠나기》라는 여행 에세이를 출간했다. 책에서 그녀는 "여행은 산소다. 나를 숨 쉬게 해주기 때문이다"라고 말한다.

누군가 "여행은 한 권의 책이다. 여행하지 않는 자는 그 책의 단지 한 페이지만을 읽을 뿐이다"라고 했다. 나는 아직 읽어야 할 책이 많이 남아 있다.

나는 읽지 않은 페이지를 읽고 싶다. 나는 더 많은 진짜 세상을 배우고 싶다.

마음을 풍요롭게 '문화 체험하기'

오랫동안 엄마로 살다 보면 매일 하게 되는 고민이 하나 있다. 바로 '오늘 저녁은 뭐해 먹지?'라는 먹을거리에 대한 고민이다. 퇴근 무렵의 워킹맘은 물론 전업주부도 마찬가지리라. 저녁 찬거리를 사려고 마트에서 장을 보고 종종거리며 집에 들어오는 일이 엄마들에게는 매일 되풀이되는 일상이다.

그런데 반복되는 일이 시간이 갈수록 가볍고 쉬워지는 것이 아니라 여전히 힘든 것은 왜일까?

어쩌다 외식을 하는 날은 몸도 마음도 그렇게 홀가분할 수가 없다. 가사 노동은 너무 어려워서 힘든 것이 아니라 매일 끝도 없이 되풀이 되는 일이기 때문에 힘든 것이다.

그러던 어느 날, 주위를 둘러보니 세상에는 미술 전시회다 음악회다 등 여러 문화 행사가 넘쳐났다.

내가 사는 곳은 조용한 중소도시다. 근처 구미시립중앙도서관은 얼마 전까지 바로 앞에서 살아서 이웃처럼 편안한 곳이다. 지금 거기서 조금 떨어진 곳으로 이사를 가서 이제는 경상북도립 구미도서관이 더 가깝다. 하지만 난 익숙해서 그런지 이사간 집에서 더 먼 시립도서관에 오게 된다.

이곳 1층 전시실에서는 종종 미술이나 도예 등의 전시회가 열릴 때가 있다. 전에는 자주 도서관에 들락거렸지만, 책을 빌리거나 필요한 공부만 하고 돌아올 때가 많았다. 그만큼 마음의 여유가 없었던 모양이다.

하지만 언제부터인가 시간을 내서 전시실을 둘러보기 시작했다. 그림 전시회는 유명한 화가가 아닌 주로 주부들의 작품이 많았다. 그래서 더욱 친근하고, 한편으로는 자신이 좋아하는 일을 하는 엄마들이 부럽기도 하다. 특히 내가 학교를 졸업한 이후 거의 수채화를 그려 본 적이 없어서 그런지 멋진 그림을 보면 탄성이 터져나온다.

얼마 전 시립도서관에 가니 〈그림으로 소통하는 feel〉이라는 이름으로 수채화 전시회가 열리고 있었다. 그곳에서는 꽃을 주제로 한 그림들이 전시되고 있었다. 나는 해바라기, 접시꽃, 장미, 연꽃 등 고향을 떠올리게 하는 작품들이 많아서 한참을 관람했다. 김입분 님이 그린 〈향수〉라는 제목의 그림은 초가집과 장독대에 해바라기와 이름 모를 꽃들이 어지러이 있는 것이 정말 옛 생각이 나게 했다.

이렇듯 나의 문화 체험은 가까운 곳에서도 일어난다. 일부러 시간을 내야 할 때도 있지만 조금만 노력을 기울여도 번듯한 문화생활이 가능하다.

나는 매주 일요일 아침이면 교회에 갔다가 구미시문화예술회관에 들른다. 이곳에서는 그림이나 서예 전시회는 물론, 야생화나 도예 전시회, 난 전시회, '꽃누루미'라고도 하는 압화 전시회 등 다양한 프로그램을 제공한다. 여러분도 백화점이나 은행을 이용하다가 조금만 시간을 내어 문화생활을 누리시라.

이곳에서는 종종 뮤지컬이나 오케스트라 공연 또는 옥외 음악 행사도 한다.

나는 뮤지컬 〈명성황후〉와 〈친정 엄마〉를 여기서 관람했고, 지난 4월에는 스위스 뉴 취리히 오케스트라 내한 공연도 이곳에서 관람했다. 큰맘 먹고 거금을 들였지만, 전혀 돈이 아깝지 않을 정도의 공연이었다.

작년 봄에는 '아트스피치' 김미경 원장의 강연이 무척 인상 깊었다.

아침에 일어났는데 뭘 해야 할지 모르겠으면 공부하는 게 최고다.

> 우울하고 고립될수록, 뭘 해야 할지 자신이 없을수록 공부가 답이다. 공부하지 않으면 뭘 해야 할지 모르는 게 당연하다. 학창 시절 우리가 꿈이 많았던 것은 뭔가를 끊임없이 배우며 꿈의 재료를 공급받았기 때문이다. 공부하지 않으면 배움의 재료 공급이 끊기고, 배움이 끊기면 성장이 멈춘다. 더불어 고립감과 우울증이 찾아오게 되는 것이다.
>
> – 김미경, 《살아있는 뜨거움》

그녀는 공부가 꿈의 재료이자 모든 인생의 출발점이라고 주장한다.

나에게도 공부는 꿈의 재료다. 교육학과 심리학 공부가 글을 쓰는데 정말 많은 도움이 된다. 치열하게 공부하고 논문을 쓰던 시간이 없었다면 부모 교육에 관한 저서를 쓰기 어려웠을 것이다. 그 모든 공부가 작가가 되기 위한 재료였다니 인생에 쓸모없는 공부는 없다는 생각이 든다.

강연회에는 수백 명의 사람이 모였다. "엄마도 꿈을 가져라"라고 하는 그녀의 열정적인 강의에 강연회에 참석한 모든 엄마가 열광했다.

나는 집 근처 선산문화회관에서 있었던 〈윤항기 강연회〉에도 참석했다. 지금은 목사가 되었다는 윤항기 씨는 일흔이 넘었는데도 목소리는 삼십 대 그대로였다. 무척 놀랐다. 〈장밋빛 스카프〉 〈여러분〉

등을 부를 때는 옛 생각이 물감에 번지는 화선지처럼 가슴을 적셨다. 힘들었지만 풋풋했던 그 시절이 떠올라 더 마음이 저렸는지도 모른다. 나는 저 나이쯤 되면 어떤 모습으로 남아있을까?

고희를 넘긴 나이에도 열정적으로 인생을 사는 모습에서 나는 삶이 주는 깊은 감동을 느꼈다.

생의 해법은 멀리 있는 것이 아니다. 내가 사는 곳에 답이 있다. 독서도 좋은 공부다. 하지만 살아 있는 문화를 직접 체험해야 공부가 더 깊고 넓어진다. 어떤 것들은 책으로는 공부할 수 없기 때문이다.

최고의 공부법 '책 쓰기'

책 쓰기의 즐거움은 글을 쓰는 과정에 있다. 글을 쓰면서 내가 정말 어떤 말을 하고 싶은지, 어떻게 독자에게 내 마음속에 있는 것을 표현할 수 있는지 끊임없이 질문하게 된다. 그래서 내면의 자아와 먼저 소통이 되고 행복에 취해야 글쓰기에 몰입할 수 있다.

글쓰기는 나를 창의적으로 표현하는 일이고, 다른 사람에게 선한 영향력을 끼치는 작업이다. 나는 지금 작가가 되었지만, 원래부터 작가가 되어야겠다는 꿈이 있었던 것은 아니다. 독서를 즐긴 덕분에 책 쓰기로 자연스럽게 이어진 것이다.

누구나, 언제나 글을 쓰고 산다. 이메일을 쓰는 일, 카카오톡에 답장을 쓰는 일, 카카오스토리에 글을 올리는 일, 이 모든 것이 글쓰기다. 게다가 엄마에겐 엄마만이 경험해온 스토리가 있다. 육아 일기를 하루도 거르지 않고 기록해놓고 나중에 책으로 엮는 경우도 있다.

글을 쓰면서 헬렌 켈러가 말했던 '사소한 기쁨'을 발견했고, 매일 가슴 뛰는 인생을 살게 되었다.

'사소한 기쁨'이란 남이 볼 수 없는 것을 보고, 남이 들을 수 없는 것을 듣는 기쁨이 아니겠는가? 내가 느끼기엔 책 쓰기가 책 읽기보다 열 배 이상 의식이 확장되는 것 같다.

다음은 나의 '책 쓰기' 과정이다.

첫째, 무엇을 쓸 것인지 주제를 찾는다.

둘째, 주제가 정해지면 경쟁 도서나 관련 도서를 구입하여 분석한다.

셋째, 목차를 만든다.

넷째, 한 꼭지씩 제목에 대해 쓰기 시작한다.

다섯째, 글이 완성된 후에는 일주일 정도 팽개쳐두었다가 탈고 및 수정을 거듭한다.

여섯째, 이제 출판사에 글을 보낸다.

이런 책 쓰기 과정은 나의 두뇌 플랫폼 가운데 중요한 부분을 차지하고 있다. 나는 책 쓰기를 통해서 지식과 정보를 업그레이드하고 의식을 재창조하고 있다.

그뿐만 아니라 책 쓰기는 즐거운 여행이다. 쓰기 시작 전부터 빨리 쓰고 싶어 안달이 난다. 가고 싶은 여행지가 정해졌을 때 빨리 가고 싶어 몸살이 나는 것처럼 책 쓰기도 마찬가지다. 낯선 곳을 다니면서 피곤하고 힘든 것도 잊은 채 구경하고 카메라에 멋진 풍경을 담고 싶

어 하는 것처럼 말이다.

미국의 소설가 엔다 퍼버는 인생은 글쓰기를 사랑하는 자를 결코 좌절시킬 수 없다고 했다. 또, 나탈리 골드버그는 말했다. 글쓰기는 '매번 지도 없이 떠나는 새로운 여행'이라고.

새벽, 혼자 깨어 은은한 조명 아래 글을 쓰는 잔잔한 기쁨을 느껴본 사람은 안다. 글쓰기는 나를 향한 응원가, 내게 보내는 러브 레터다.

이 글을 읽는 엄마들에게 묻는다. 나는 '책 쓰기'가 나만의 최고의 공부법이라고 말했다. 그렇다면 당신만의 최고의 공부법은 무엇인가?

100세 시대, 결혼하고 아이를 키우고, 아이가 떠난 이후의 삶이 길어지고 있다. 이제 엄마인 당신의 시간을 살아야 한다.

엄마의 꿈을 디자인하라.

당신은 이제 자신을 공부하는 엄마가 되어야 한다.

저자 이화자